中 小 学 教 育 高 质 量 发 展 丛 书

中小学高质量教学
新策略

丁进庄 著

ZHONGXIAOXUE
GAOZHILIANG JIAOXUE
XINCELUE

图书在版编目(CIP)数据

中小学校高质量教学新策略 / 丁进庄著. -- 北京：中国言实出版社，2023.5

ISBN 978-7-5171-4456-4

Ⅰ. ①中… Ⅱ. ①丁… Ⅲ. ①中小学—教学质量—研究 Ⅳ. ①G632.0

中国国家版本馆CIP数据核字（2023）第067487号

中小学高质量教学新策略

责任编辑：王建玲
责任校对：张天杨

出版发行：中国言实出版社

地　址：北京市朝阳区北苑路180号加利大厦5号楼105室
邮　编：100101
编辑部：北京市海淀区花园路6号院B座6层
邮　编：100088
电　话：010-64924853（总编室）　010-64924716（发行部）
网　址：www.zgyscbs.cn　电子邮箱：zgyscbs@263.net

经　销：新华书店
印　刷：北京中科印刷有限公司
版　次：2024年3月第1版　2024年3月第1次印刷
规　格：710毫米×1000毫米　1/16　18.5印张
字　数：195千字

定　价：58.00元
书　号：ISBN 978-7-5171-4456-4

推进教育高质量发展，服务中国式现代化建设

党的二十大报告提出，“加快建设高质量教育体系，发展素质教育，促进教育公平”。习近平总书记在中共中央政治局第五次集体学习时强调，要坚持把高质量发展作为各级各类教育的生命线，加快建设高质量教育体系。建设教育强国，基点在基础教育。基础教育搞得越扎实，教育强国建设步伐就越稳、后劲就越足。

新中国成立以来，在党的坚强领导下，教育的基础性、先导性、全局性地位更加突出，中国教育面貌焕然一新，基本实现了全面普及，教育发展水平已经进入了世界中上行列，这对我们这个人口众多的发展中国家而言，是非常了不起的成就。进入新的时代，教育主要矛盾已经发生转化，公平与质量问题凸显，人民群众对高质量教育的需求日渐迫切，而优质教育资源供给短缺且发展不平衡不充分。面向未来，中国教育发展方式需要从以规模扩张和空间拓展为特征的外延式发展，转变为以提高质量和优化结构为核心的内涵式发展，拓展优质教育资源覆盖面，提高人才培养质量和办学水平，满足社会公众对于优质教育资源的选择性需求，服务中国式现代化

建设，引领实现中华民族伟大复兴的中国梦。这就需要广大中小学转变教育理念，深化课程改革，改变育人方式，创新治理体系，扎实提升教育质量。

中国言实出版社推出《中小学教育高质量发展丛书》，基于中国式现代化对教育高质量发展科学内涵和内在要求的深刻认识，立足于基层学校在生动的教育教学实践中创造和积累的成功经验，去粗取精，去伪存真，从中凝练出高质量教学、现代化治理、全面育人体系等核心要素，既在理论上揭示和阐述了中小学高质量发展的本质规律，又在实践上探索和总结了中小学高质量发展的实施路径，力求回答"如何以教育高质量发展，服务中国式现代化建设"这一时代课题，也为中小学教育高质量发展提供了可资借鉴的样态。丛书的出版，将对引领中小学更新教育思想观念和营造优良学校文化，提高教育教学质量和改善治理效能，构建全面育人新体系，实现学校高质量发展起到重要的参考作用。

本丛书的作者丁进庄是一名在基础教育战线深耕三十余年的校长。该同志从我国基层学校起步，先后在多省市、多学校担任过校长、书记，治理过不同类型、不同性质的学校，后又在教育部等多部门进行过锻炼，具有丰富的教育实践经验、一定的理论水平和政策水平。他几十年如一日，把"心有大我、至诚报国的理想信念，言为士则、行为世范的道德情操，启智润心、因材施教的育人智慧，勤学笃行、求是创新的躬耕态度，乐教爱生、甘于奉献的仁爱之心，胸怀天下、以文化人的弘道追求"的教育家精神作为自己的毕生追求，主动适应中国经济社会发展带来的教育形态的变革，不断深化教育教学改革，着力提升育人质量，取得了显著的办学成绩。

路虽远，行则将至；事虽难，做则必成。基础教育高质量发展的根本出路是办好每一所学校，每一所学校办好了，基础教育就会踏上高质量发展之路。我期待这套丛书早日问世，期待丛书提出的高质量学校发展新局面的蓝图早日达成，办好让人民满意的教育，让每一名学子都能享受更加优质的教育。

是为序。

国家教育咨询委员会委员，国务院教育督导委员会总督学顾问

北京师范大学原校长、中国教育学会原会长

2023 年 12 月

总前言

1993年夏天，当我背着行囊，风尘仆仆地到中国中部的一个偏僻乡村中学报到时，我没有想到我能当校长，更没有想到今天能站在首都回望来时的路。2023年是我从教三十周年，三十年来我从中国最基层的乡村学校到教育部，走完了一名教师完整的历程。这些年来，岗位在变、单位在变、职务在变，唯一不变的是深厚的教育情怀、深刻的教育思考和对教育本质不懈的追求。

萌发著作这一套书的决心源于2020年初暴发的新冠疫情。这场突如其来的疫情给教育教学工作带来了巨大的挑战，学校经受着“停课不停学”“离校不离教”和“线上线下不断转换”的考验，在基础教育战线广大同人的共同努力下，我们交上了一份合格的答卷。但同时，也暴露出中小学长期存在的教育理念落后、教学方法陈旧、学生学习能力不足、教学质量不高等问题。如何把教育政策、教育理论变成学校生动的实践，如何把萌发于、植根于基层的教育实践变成可复制、可操作、可推广的变革力量，如何遵循教育规律、人的成长规律，合理地、系统地配置教育资源，提高教育教学质量，已经成为当代教育政策制定者、教育管理者、理论工作者和第一线的校长、教师绕不开、回避不了、必须回答的时代问卷。基于这样的考虑，2021 年夏天，我开始着手写作《中小学高质量教学新策略》《中小学现代化管理新思维》《中小学全面育人新方法》和《让梦想照进现实》系列丛书，期望以解决基础教育存在的最紧迫、最重要的现实问题为导向，把理论学习、经验总结、问题研究结合起来，把政策依据、理论基础和实践操作结合起来，围绕学校高质量教学、现代化管理、全面育人、个人成长等四个方面，解决好教育理念、思想认识、内容结构、方法途径、保障措施等问题，着力提高学校管理者办学治校能力、教师教书育人水平，使一线的教育工作者既能掌握理论、澄清认识，又能运用操作，不断提高教育教学的质量和效益。本套书呈现以下“三新”特点。

一是“新”在响应新时代的呼唤。我们所处的时代，是中国特色社会主义新时代，这个时代是中国基础教育大踏步赶上世界先进水平，从“跟跑”到“并跑”，并将“领跑”世界教育发展的时代；是教育事业快速发展，呼唤教育创新的时代；是教育工作者舞台不断扩大、大有作为的时代。我们这一代教师生逢伟大的时代，既是幸运的，更感责任重大。三十年来，我到过中国很多学校，一些还是当地的名校，学校管理者大多能说出我在“干什么”、我“怎么干”，却说不出“为什么干”、“这样干”最核心的东西是什么；有的领导自己说得头头是道，教师该怎么干还怎么干，你说你的我干我的；有的学校看似“轰轰烈烈”搞课改，实际是“照抄照搬”地机械模仿，脱离了学校实际情况，教师意见很大，效果很差，导致“人走政亡”或“雨过地皮湿”……实践告诉我们，缺乏总结和提炼，不能把实践做法上升到本质规律的教育教学改革，注定是走不远的。在进入知天命之年，经历了人生风风雨雨和中国基础教育沧海桑田巨变后，我觉得需要写点什么，梳理、总结、凝练逐渐成熟的教育理念和办学思想、丰富的教育教学及学校管理经验、沉淀的教育理论与实践创新成果，期望和有志于教育改革与发展的同人进行分享、研讨，和大家一起立足于中华民族千秋伟业，站在基础教育改革发展的前列，勇于开拓，不断创新，积极实践，传播先进教育思想，探索建立现代化高质量的教育教学范式，实施推进育人方式改革，这不仅是时代的期望，也是作为一个教育工作者的毕生追求。

二是“新”在立足人民群众的需要。千秋基业，教育为本。教育是国之大计、党之大计，是关系中华民族伟大复兴千秋伟业和第二个百年奋斗目标能否顺利实现的基础性工程。三十年来，我参加了无数次的培训、参观了上百所学校、考察了十几个国家的教育，毫不夸张地说，我们已经建成世界上最大规模的基础教育体系，几千年来第一次解决了人民群众对“有学上”的美好向往和公平的价值追求。作为教育的亲历者，在这一点上，我们还是有基本共识和充分自信的。但同时，也应该看到社会的主要矛盾已经转变为人民日益增长的美好生活需要和不平衡不充分的发展之间的矛盾，人民群众对“上好学”的需求日益强烈，迫切需要我们进一步深化教育教学改革，办好老百姓家门口的每一所学校、上好每一堂课、育好每一个人，培养学生终身发展和社会发展需要的必备品格与关键能力，全面提高办学质量和办学效益，让每个学生都有人生出彩的机会，这是我们这一代教育工作者神圣的责任和光荣的使命。在多年的教育实践和研究中，我深切地认识到，由于教育教学工作内容的复杂性、对象的成长性、教师水平的差异性、教学效果的不确定性，很难有一种方法能“包治百病”，很难有一种模式能解决所有问题，但可以肯定的是，以牺牲学生身心健康为代价“唯分数”“唯升学率”的不科学的教育价值取向必须改变，“一刀切”“生产线”的落后的教学方法、低效的课堂教学、单一的评价考核方式必须改变，学生不合理的过重学业负担必须减下来，教育教学质量必须提上来。为达成此目的，我在撰写本套书时，力求以“四新”解决好“四个问题”，即用新的理念解决好新课程、新课标、新教材、新考试和优秀的传统教育教学方法相结合的认识问题，用新的高度解决好教育理论和教育规律结合的实践问题，用新的系统解决好教师的“教”和学生的“学”相结合的方法问题，用新的逻辑解决好教育教学过程和学生发展结果相结合的效率问题，推动学校真正落实培根铸魂、启智润心，满足学生全面而有个性的发展需求。

三是“新”在基于学校实践的实证研究。新中国成立以来，我国基础教育事业发展迅速，为社会各行各业输送了亿万劳动者和优秀人才，也形成了一大批教育理念先进、办学基础较好、社会声誉较高的学校。但研究这些学校的论著，我们可以看到，个别是基于学校做法、教师感悟的编著或“流水账”“碎片化”的实践描述，缺乏对教育规律的深入研究和探讨，只见实践起点，不见理论起点、逻辑起点，导致很有价值的学校实践经验不可复制、不可推广，形成“为出书而出书”或者“出仅供自己看的书”现象。个别人写的教育专著，一些是侧重政策、理论、框架，太宏观、太空泛、不具体，理论意义、政策意义大于实践意义，即使有实践的内容也大多以案例形式出现，缺乏对学校实际情况的研究，缺乏长周期的实证验证，缺乏可操作性、可行性。其中，个别文章不是“八股文”，就是“复读机”，既解释不了现实，也指导不了现实和未来。我认为“研究”必须基于长期的学校实践，经过“去伪存真”的检验、“去粗取精”的发现、“透过现象找本质”的升华，这才是教育思想的深入和完善，才是教育理论的丰富和发展，才是学校教育变革的真正力量。本套书立足新时代，面对新形势，既从理论和政策上解决教育教学“为什么”的问题，也从实践和操作上解决“怎么办”的问题，较好地回答了学校办学治校能力强不强、教书育人体系全不全、落地实施行不行、实践效果好不好、教育教学质量高不高等问题。

这世上有好多东西，一定要等到一定的年龄才能看得见，要拥有一定的智慧才能看得见。三十年来，我完全可以处于人生的舒适区，做一个守成的教育者，过一种滋润的生活。但我希望不断挑战自己的人生极限，喜欢一直在路上追寻理想的感觉，过一种波澜壮阔的教育生活，为此我义无反顾，自加压力、超越自我，一直在奔跑。

《中小学高质量教学新策略》《中小学现代化管理新思维》《中小学全面育人新方法》《让梦想照进现实》是一个整体，把这四本书对照阅读并进行研究，就会更全面、更具体地了解我的教育思想形成的背景和过程，了解其精髓、内涵、价值和意义。

在此，向在我成长过程中长期关心、关怀、指导、帮助我的领导、老师表示衷心感谢！向三十年来一直和我同向、同行，潜心研究和实践的同事表示衷心感谢！

由于时间紧促，水平有限，如有错误和疏漏，欢迎批评指正。

丁进庄

2023年12月于北京

前 言

从古至今，教育乃国之大者，肩负着传承文明、立德树人、服务国家、推动进步的重任。当前，我国基础教育已经进入了高质量发展阶段，我们将迎来新形势、新阶段、新格局、新理念、新目标、新要求的大变革时代，其中，高质量教学是当前学校发展中最为关键的内容。

世界上没有任何两片相同的叶子，同样也没有任何一个学校、学科、教师、学生飘溢着完全相同的气息、面临着完全相同的问题。教学实践是高度复杂的智慧活动，有着无法穷尽的广度和深度，既涉及教育教学理念、教学设计、教学方式，也涉及课堂、课程、学习和管理、评价、保障等各方面的内容。在本书写作中，我始终坚持根据自己从教数十年的体验，把自己丰富的基层教学实践和多年教育管理经验、教育理论研究、教育政策制定结合起来，以实事求是的态度，不唯书、不唯上、只唯实，丢开一切空泛、抽象的语言，立足于“精”而“管用”，在对一线成熟的实践探索进行总结、归纳、提炼，去粗取精、去伪存真的基础上，抓住建立科学教育理念、构建问题系统和训练系统的教学设计、变革教师“教”与学生“学”的方式方法、深化教学研究和校本研修、严格教学常规各环节、开展线上线下融合教学、建立教学管理和质量保障体系、建立现代测量评价体系、构建学生全面而有个性发展的课程体系等提升教学质量的本质和规律，科学回答并解决了新课程、新课标、新教材、新考试背景下，我们该怎么“教”？核心素养背景下，我们该怎么“育”？“双减”之下，我们该怎么“转”？信息技术下，我们该怎么“用”？评价方法变化下，我们该怎么“考”“练”“测”“评”等一系列新问题，系统解决了教师与学生、教学与学习、团体与个人、竞争与合作、成绩与素养、管理与保障、传统与现代等一系列关系，令人耳目一新，发人深省。

高质量教学改革是艰苦的、繁难的，也是一个漫长的过程，在这个过程中我们会感受到成功的欢乐与遭受挫折时的烦恼，但我始终坚信中国基础教育正处于一个大转型时期，高质量教学改革绝不是遥不可及的，它必然植根于中国大地，萌生于基层的学校和课堂，来源于一线的校长和教师。衷心希望本书能给教育同人一点启发，唤醒越来越多的同行者投身这场革命，推动学校教学改革！衷心希望本书能为汇聚学校教育革新的磅礴动力、推动教育教学创新发展、提升教学质量作出一点贡献。

丁进庄

2023 年 12 月于北京

目 录

第一章　高质量教学的构建策略

进入新世纪以来，以《国家基础教育课程改革纲要（试行）》为标志，课堂教学改革日趋深入，基于情感、态度、价值观的互动式、启发式教学方式日益成为主流，自主、合作、探究的多样化学习方式基本呈现出来。但随着经济社会的飞速发展，培养学生适应个人终身发展和社会发展的必备品德和关键能力的需求日益迫切，这就要求中小学教育要从“知识本位”全面转向“素养本位”，从“分数本位”全面转向“育人本位”，从“升学本位”全面转向“能力本位”。中小学高质量教学构建策略就是要坚持“素养本位”的价值追求，立足促进学生全面而有个性的发展，准确把握学科的育人价值，深入研究教学的特点规律和方式方法，探寻从学科知识教学转化为学生认知和能力培养的实施路径，大力提升教学质量，培养大批能够承担中华民族伟大复兴历史责任的德智体美劳全面发展的人才。

第一节　高质量教学的重要意义

新高考、新课程、新课标、新教材是围绕培养学生核心素养和学习能力来构建的，要求教师由单纯的知识传授者向能力培养者转化，要求学生由知识的接受者向知识的探究者转化。受落后教育理念、传统教学方式、固化教学行为影响，中小学教学中仍然存在教学理念滞后、教学方法陈旧、教研氛围不浓等现象，总体上看，课堂教学仍处在一种较为封闭的状态，“低效”“无效”的教学方式还广泛存在，“表面教学”“表层教学”“表演教学”比比皆是，这既违背了知识内在的逻辑规律，又违背了学生的认知规律；既影响了教学质量提升，也影响了教学改革的进行和学生核心素养的培养。这一切都迫切需要提高教学质量，改变目前的“一刀切”“生产线”的大一统学习方式和教学模式，坚持以培养核心素养为目标，不仅给予学生必备的知识技能、文化基础，也要培养学生自主发展、社会参与的能力，还要培养学生终身学习的意识和能力，促进学生不断健全人格、锤炼意志，为学生打下走向社会、服务国家、造福人民、创造自己幸福生活的基础。

一、高质量教学是落实立德树人根本任务的必然要求

人才的振兴关系未来我国在世界的核心竞争力。立什么德、树什么人直接关系学生未来生活质量和终身发展，关系全面建成社会主义现代化强国和中华民族伟大复兴的千秋伟业能否顺利实现。中

华人民共和国成立七十多年来，人民群众对教育需求已经从“有学上”发展到“上好学”的新阶段，中小学教育的重心开始从办学条件的外延发展转向高质量的内涵发展上来。中小学要以提升教学质量为导向，大力培养学生的核心素养，促进学生知识、能力和情感的同步发展，体现学科教学的育人价值和方向，不断满足人民群众对办好家门口每一所学校、上好每一堂课、育好每一个人的需求，这既是贯彻党的教育方针，落实立德树人根本任务的必然要求，也是办人民满意的教育的具体体现。

二、高质量教学是深化课堂教学改革的关键举措

高质量教学是牵动教学改革的“总开关”，能够引领并拉动教育理念、教学方式、学习方式、评价方式的变革，能够促进学生核心素养形成、教师专业成长、教学质量提升。不可否认，在当前教学中长期存在以下亟待解决的问题：

（一）教学目标不清

有的教师目标意识不强，把育人目标混同于课堂教学的目标，脱离教学和学生实际，写得“高大上”，其实“假大空”；有的教师把知识点混同教学目标，脱离学科核心素养，以目的替代目标，写得很具体，其实很细小、很琐碎；有的表达不准确，脱离育人目的，为了目标而目标，没有起到牵引教与学内容、教与学方式、教与学活动的作用，导致课堂低效。

（二）教学内容缺少结构

有的教师缺乏对教学内容整体把握，或者没有把教学内容在

学科之间进行横向联系，或者没有在本学科本单元之间进行纵向贯通，或者没有把学生已有知识与技能和新知识之间进行贯通联系，在课堂上就知识而知识、为讲题而讲题，没有把点状的知识放到学科结构中去，也没有把试题放到知识体系中去，缺乏有效的学科知识结构，导致教学低效。

（三）教学方式陈旧

有的教师缺乏对学情把握、对学习科学的研究，课堂教学没有发挥学生主体作用，仍然采取“一讲众听”“满堂灌”“填鸭式”“泼水式”的教学方法，实践证明，一味专注于讲授而缺乏启发、点拨、合作、互动的教学是无法有效生成学生学习能力、思维方法的，也必然导致学习低效。

（四）教学缺乏研究

有的教师没有团队意识，看不到集体的力量，以“单兵作战”为主，呈现“个体户”的教研方式，缺乏集体研究，缺少大家智慧；有的学校或因时间问题或因人员问题或因方法问题，把教研活动、集体备课当成负担，或者流于形式，缺少教研的组织、管理，不能满足教学需求，导致教研低效。

以上这些客观存在的问题，迫切需要我们以问题为导向，抓住高质量教学的“牛鼻子”，进一步深化课堂教学改革力度，下大力气解决长期存在的教学顽症痼疾，提升教学质量，更好实现育人功能。

三、高质量教学是促进学生全面发展的重要保障

世界上没有完全相同的两片树叶，每位学生学习基础、认知能力、个性特点、智能发展都是独特的，这就需要我们从学生、学习的角度，读懂理解学生认知特点、整体设计组织学生学习，找到适合学生实际的全面而有个性的发展道路。高质量教学可以在以下几方面提供重要保障：

（一）保障教学目标能力化

教学的根本目的在于促进人的全面、自由的发展。高质量教学就是要坚持让学生站在最中央，让学生主动探索未知世界、自主建构知识体系、科学掌握学习方法，在学习中丰富知识、提升能力、探索新知。

（二）保障教学内容结构化

知识的学习只是手段、是过程，学生认知和能力的发展才是目的。高质量教学就是要根据学生学习规律、成长规律、认知规律，把教学内容放在学科、单元、大概念背景下进行结构化设计，放在学科融合、学段贯通的背景下进行跨学科跨学段的内容整合，形成核心素养培育的整体结构。

（三）保障教学过程任务化

实践证明，采取以问题驱动的任务式、主题式、项目式教学效果最好。高质量教学就是要让学生通过学习任务，亲历独立思考、合作探究、体验实践、交流互动、归纳反思的过程，培养学生综合运用所学知识发现问题、提出问题、分析问题、解决问题的能力，

在学习知识过程中培养核心素养，获得成长。

（四）保障教学方式多元化

素养和能力是可迁移、可丰富、可发展和可进阶的品质。高质量教学就是要改变单一讲授、死记硬背、题海战术、机械训练等知识型教学方式，突出启发式、互动式的能力型教学方式，从而激发学生学习兴趣，提高教学效果。

第二节　高质量教学的科学内涵

经过多年课程改革，我们深刻认识到影响课改落地和实施的根本问题不是技术问题，而是涉及价值观、质量观、过程观、行为观、评价观等认识的综合性问题。针对上述问题，本书对高质量教学的科学内涵进行了界定。

一、高质量教学的价值观

在价值观上，高质量教学主张“升学选拔与核心素养的统一”。教学要聚焦学生终身发展所需的关键能力和必备品格，从“知识本位”全面转向“素养本位”，从“分数本位”全面转向“育人本位”，培根铸魂、启智增慧，大力提升课堂的教育质量，为学生升学和将来工作、生活做好准备。

（一）升学选拔是衡量教学成果的重要标准

升学选拔是基础教育的“出口”，是适合我国国情的公平的教育制度，在现阶段，教育供求矛盾、结构矛盾是客观存在，这个基本国情决定了升学竞争存在的必然性，并且会在一个相当长的时间内继续存在。当前，社会衡量一所学校教学质量的标准仍然是升学选拔，我们不能脱离这个现实办学，在这一点上是社会共识。但同时，我们还要清醒地认识到升学选拔同世界上众多的事物一样具有两重性，如果我们忽视人在智能、兴趣、爱好、个性方面的差异，忽视国家、社会对多方面人才的需求，片面地追求升学选拔，把"唯分数""唯升学"作为衡量教学质量的唯一标准，必然导致片面追求升学率，其结果会把学校教育引入"死胡同"，使学校忽视甚至放弃了学生的全面发展和对学生个性、爱好和特长的培养，会使学校失去生机，背离了学校育人的本质。

（二）核心素养是衡量育人效果的重要指标

教师的工作价值是学生的成长。从心理学上讲，让学生站在我们的肩头望得更远、飞得更高是教师创造欲、成就感的心理特征的一种良好反应，是教师对教育事业具体追求的体现，也是教师提高教学工作质量的一种动力。学生成长的评价指标可以立千条万条，但归根结底还是要看学生终身发展和社会发展所需求的必备品格和关键能力。教育工作的意义是为了育人，是为了学生终身发展，我们面对的对象是智能、性格、基础有差异的学生，他们的人生道路还很长，升学选拔只是他们人生的一个阶段，如果片面追求升学选拔，就会使我们产生教育短视，采取急功近利的教育行为，长此以往必然导致教师产生强烈的职业倦怠，陷入封闭和恶性竞争，最终会迷失教育事业的目的意义和教师职业神圣的价值追求。

（三）升学选拔和核心素养是统一的整体

培养核心素养不排除升学选拔，升学选拔要以核心素养为导向，两者不是一种对立关系，而是统一的整体。国家建设需要创新型、研究型、技能型、劳动密集型等类型的人才，但无论什么样的人才都需要具备终身发展和适应未来生活、工作所需的知识、能力、品格。升学选拔就是要通过公平的制度设计，把具有核心素养的不同类型的人才选拔出来，学校教学要围绕这一点来展开。随着“素养本位”的中高考制度改革实施，升学选拔再也不是靠延长学习时间、增加学习强度能实现的，也不是靠刷题、死记硬背、超纲超前教学等落后的教与学的方式能达到的。教师要转变观念，从现在做起，从点滴做起，根据学生的差异，激发学生学习兴趣，提升学生学习能力、培育学生核心素养，这样的结果必然能提高升学率。

二、高质量教学的质量观

在质量观上，高质量教学主张“基础知识的教学与学生能力培养的统一”。任何教学的实施都是从基础知识教学开始的，在此基础上才能实现育人功能，培养学生的学科素养、学科思想和思维能力等。

（一）基础知识教学是培养学生能力的基础

核心的、系统的、坚实的基础知识水平是一个人文化素质的基石。许多学生在学习中感到困难，感觉“看不懂、抓不准、吃不透、理不清”，正是基础知识没有得到真正加强的缘故。基础知识就是一个学科的基本概念、基本原理、公式、定律、定理等基本问题、基本规律，它集中反映了这门学科知识间的内在联系和本质特征，学科的所有知识都可以用这些基本概念和基本规律去说明。学生只有掌握了学科的基础知识，才能在此基础上不断扩大和加深知识，联系各种相关现象，从而达到理解、迁移，实现触类旁通，达到以少聚多，以一博万的目的。

（二）提升学生能力是基础知识教学的目的

基础知识学习只是学习的过程和内容，最终目的是在基础知识学习的基础上实现分析、理解、整合等各种能力培养。这就要求教学要把指导学生掌握学科知识结构作为教学过程的中心。所谓学科知识结构就是该学科组成的不同知识板块分别由哪些小知识板块构成，每个小知识板块又有哪些知识点构成，这些知识板块之间、知识点之间存在什么样的联系，等等。教师要在充分掌握教材、课程标准、学科知识的结构逻辑的基础上，在教学过程中指导学生对知识体系进行概括，帮助学生理思路、抓规律，建立知识内在联系，形成立体知识网络，让死的知识在学生头脑中形成活的体系，从体系的高度来掌握知识。当学生懂得了学科结构就容易理解掌握整个学科内容，就可以更好地记忆学科知识，促进知识和技能的迁移，缩小“高级”能力与“低级”知识的间隙。

（三）基础知识教学和提升学生能力都是为了学生的发展

我们应该有这样一个共识：基础知识的教学是教学的显性表现，学生能力的培养是教学隐形追求，学生全面而有个性的发展是教学终极目标。教学要坚持以指导学生掌握知识为起点，把指导学生掌握学科知识结构作为教学过程的中心，促进了学生对基础知识的掌握，同时要在基础知识学习的过程中，指导、训练培养学生自学能力、合作能力、探究能力。我们常说“教是为了不教”，学生能力提升会极大促进学生知识向无限发展，激发学生形成对学习的可贵兴趣，保持对未知世界可贵的探索精神。

三、高质量教学的过程观

在过程观上，高质量教学主张“教学常规与教学改革的统一”。教学常规是指教师教学中的“备课、讲课、批改作业、辅导、考试、纠正”等环节，涵盖整个教育过程，承载教学丰富的内涵。所有的教育教学改革都不能脱离教学常规而进行。

（一）落实教学常规是教学改革的基础

近些年，各种教育教学改革风起云涌、花样繁多、思潮泛滥，却忽视教学常规。实践证明，所有的教学改革必须遵循教学的基本规律，这个基本规律就是教学常规，如果不重视教学常规，或者没把教学常规落到实处，不在教学常规上“扎硬寨”“练硬功”“打硬仗”，再先进的教学改革也会是轰轰烈烈地开始、静悄悄地结束，难以持久和见到成效。中小学要加大教学改革的力度，积极改进落后的教学方式、方法，就要以“扬弃”的“拿来主义”完善、改进我们的教学工作，千万不能人云亦云，要从实际出发，经得住实践的验证。要下大功夫在备课上，认认真真钻研课程标准、教材，针对学生学习，精心设计教学过程、教学方法、提高教学艺术；要下大功夫在课堂教学上，巧妙提问、创造情景、引导思考、鼓励探索，以明快的节奏、张弛有度、默契和谐、活动积极的美感使学生陶醉于求知中；要下大功夫在课堂作业、训练辅导、形成性测试以及学生错误认知的矫正上，让教学改革真实发生，取得良好效果。

（二）创新教学常规是教学改革的内容

当前，我们一些学校的教学效果较差、效率较低，细究其原因是我们教法陈旧，造成“课堂麻木”现象。有的教师在教学上一味进行单一做题训练或者在课堂上照本宣科、不断重复单一学习活动，这样的课堂是压抑、疲劳、抑制的，会使学习变得枯燥无味，学生昏昏欲睡、身心疲劳，既影响了大脑的发育，也有害于智力的发展；有的教师在课堂上都是一人表演，用讲授教学法代替了复杂的学习活动，用单向的听课代替各种感官并用的上课，有的教师甚至连个别提问都少有进行，更不要说培养学生学会发现问题、分析问题和解决问题的能力了，这样的课堂会严重抑制学生学习的主动性、积极性；有的教师在课堂上单纯强调自己“权威”“尊卑有序”，害怕在课堂上因学生提出问题而打破课堂教学平静、顺利进展的局面，学生不完全、不准确的回答，不但得不到老师的关怀和引导，甚至还要受到老师的批评和冷眼，受到同学的戏弄和讥笑，久而久之就使学生产生强烈的挫败感，自尊心、自信心受到打击，严重束缚和制约了学生的探究、自我表现、思维的求异。我们的教学改革就要以问题为导向，紧扣教学常规的每一个环节，改革那些违背教育规律和人的成长规律的教学行为，重塑教学流程，改变教学方法，力求在教学常规中每一个环节都落到实处、取得实效。

（三）加强教学常规是教学改革的内在要求

教学改革要求改变教师落后的教学行为，改变低效封闭的课堂，形成科学严谨、宽松和谐、合作探究、自主忘我的教与学氛围，使学生成为学习的主人，使课堂成为学生的舞台，使教师成为学生思维活跃、智慧迸发的引导者、激发者、培养者。这就要求学校加强教学常规的管理，革除花架子、防止经验主义和形式主义。在理念上，要改变教师单纯传授知识的教学思想，注重开发学生智力因素、培养学生非智力因素，让学生的知识、智力和非智力三个因素都得到同步增长和发展；在教法上，改变教师“满堂灌”的填鸭式教学方法，注重发挥学生主体作用，让学生掌握学习的自主权，培养学生良好学习习惯和自学能力；在教学效果上，改变教师关注单向教、学生被动学的教学行为，注重关注学生学习、重视学生实际获得，树立对学生学习效果负责的高度责任感，对学生成长怀有良好的期待和耐心。

四、高质量教学的行为观

在行为观上，高质量教学主张“教师的教学行为与各种关系统一”。学校的教学工作是围绕着教师和学生两大主要元素进行，始终存在着教师的教书育人活动和组织教书育人的活动、学生学习和组织学生学习的活动。这就必然导致教师教学中不只是一种教学行为，还有教师与学生、教学与学习、教师与教师等各种关系，只有处理好这些关系，才会有好的教学效果。

（一）师生关系上要求教师要尊重鼓励学生

在教学过程中，教师必须尊重每一位学生做人的尊严和价值，尤其是智力发育迟缓的学生、学业成绩不良的学生、被孤立和被拒绝的学生、有过错的学生、有严重缺点和缺陷的学生、和老师意见不一致的学生。尊重学生不能伤害学生，特别不能采取体罚和变相体罚、辱骂和训斥、冷落和孤立、羞辱和嘲笑等方式伤害学生的自尊心。教师要学会激励每一位学生，尤其是当学生学习取得进步和成效、学生有探索和创新想法、学生遇到失败和挫折时，教师应热情鼓励和积极引导，使学生始终处于被激励的气氛中，从而唤醒学生的求知欲，培养自信心。

（二）教与学关系上要求教师要帮助引导学生

教的本质在于引导。在教学过程中，教师要帮助引导学生检视和反思自我，帮助引导学生明白想要学习什么和获得什么、确立能够达成的目标，帮助引导学生寻找、搜集和利用学习资源，帮助引导学生设计恰当的学习活动和行之有效的学习方式，帮助引导学生发现学习赋予自己的个人意义和社会价值，帮助引导学生营造和维持学习过程中积极的心理氛围，帮助引导学生对学习过程和结果进行评价并促进评价的内在化，帮助学生发现自己的潜能和性向。引导的特点是含而不露、指而不明、开而不达、引而不发，引导的内容不仅包括方法和思维，同时也包括价值和做人。当学生迷路的时候，教师不是轻易告诉方向，而是引导他怎样去明辨方向；当学生登山畏惧了的时候，教师不是拖着他走，而是唤起他内在的精神动力，鼓励其不断向上攀登。

（三）自我发展上要求教师要不断反思

反思是指教师以自己的职业活动为思考对象，对自己在职业中所做出的行为以及由此产生的结果进行审视和分析的过程。教学反思按照教学的进程，可分为教学前、教学中、教学后三个阶段。教学前，要进行学科、学情的综合反思，能使教学成为一种自觉的实践；教学中，要进行及时、主动的过程反思，能使教学高质高效地进行；教学后，要进行批判、归纳的总结反思，能使教学经验理论化，促使教师形成自我反思的意识和自我监控的能力。

（四）在对待与其他教育者的关系上要求教师要加强合作

在教育教学过程中，教师工作除了面对学生外，还要与其他教师发生联系，需要和家长进行沟通与配合。教学工作需要同学科教师在教研组内、同头课教师在备课组内互相研讨、取长补短、发挥集体的智慧；课程的综合化趋势也需要教师相互合作，每个教师不仅要教好自己的学科，还要主动关心和积极配合其他教师的教学，从而使各学科、各年级的教学有机融合、相互促进相互配合，齐心合力地培养学生。教师还需要处理好与家长的关系，加强与家长的联系与合作，不仅要尊重学生家长，虚心倾听家长的教育意见，而且要与家长保持经常的、密切的联系，共同促进学生的健康成长，还需要指导家长掌握科学教育方法，开展科学家教，配合学校做好学生培养工作。

五、高质量教学的评价观

在评价观上，高质量教学主张“教师劳动复杂性与教师考评制度的统一”。教育工作具有复杂性、长期性、科学性、系统性，这就决定了学校不能简单采取企业、工厂的以劳动量和劳动结果为导向的“计件”“记工分”式评价办法，既要看到教师教学效果也要看到教学过程，既要看到学科显性的成绩也要看到育人隐性的价值，既要看到学校内部评价也要看到家长、社会外部评价，既要看到学生起点也要看到增值和加工能力，真正发挥评价的诊断、激励、导向作用。

（一）教师工作具有时空的广延性

教师承担着“教书育人”的神圣职责，教育的对象是具有自觉意识、感情、理智、个性以及差异明显的学生，这就决定了教师既要传授学生知识，又要培养学生的能力，还要开发学生的智力，更要塑造学生的灵魂，从这个角度来说，教师工作在时间上具有延续性，可以说很难区分上下班时间；在空间上具有广延性，校内校外都有可能是教师工作的地点，这不是单纯用工作量可以衡量得了的。因此，教师的工作不能只按课时量进行评价，而要把教师备课、辅导、批改作业、指导学生等因素考虑在内，纳入评价。

（二）教师工作具有内容的复杂性

教师的劳动常常是一种精神生产，主要是以自己的良知进行工作，其劳动成果凝聚在学生的素养和成长上，这种成果是以一种潜在的形式表现出来的，需要经过一段时间之后，通过学生的德才水平表现和在社会中的现实价值来衡定，这就导致教师的劳动成果往往还具有不确定性。因此，评价教师不能仅仅看分数、升学的结果，也要看到教师在教育教学过程中付出的艰辛劳动和教育教学长期的效果，把学生、同行、家长的直观感受和评价纳进评价。

（三）教师工作具有过程的合作性

教师的教学是对劳动对象不断再创造的过程，这个过程是合作的结果，也是集体智慧的结晶，具有个体性，更具有集体性，毫不夸张地说，教师工作最需要合作，没有任何一个人、一个学科可以说靠自己就能把学生培养成功。从某种意义上说，教师的劳动效果并不仅仅取决于教师本身的教育活动，还取决于教师团队的精诚团结，互帮互助、通力合作、集体智慧。这就决定了教师评价不能只看到个人成绩、只看到学科成绩，还要看到教研组、备课组、班主任的努力和贡献，把个人成绩和团队成绩捆绑在一起纳入评价。

（四）教师工作具有结果上的增值性

尽管教师劳动具有复杂性，但我们还应该看到教师劳动成果的获得并不是渺茫的、毫无把握的，教师的教学效果可以通过学生成绩间接表现出来。在教学的过程中，教师对学生的学习起主导作用，而这种主导作用的实现主要依赖于教师的师德、学识、业务水平和教育教学能力的提高。在现实中，我们可以看到同样水平教师的教学成绩就差在功夫上，不同水平教师通过下功夫是完全可以缩小成绩差距的。古人云：“功夫不负有心人。”一个教师只要肯在教育教学实践中潜心研究和学习，不断提高教育教学能力和业务水平；只要肯在教学常规上下苦功，进行艰苦细致的工作，付出艰辛的劳动和汗水，劳动成果的获得还是完全可以预料的。这就决定了教师评价不能陷入“虚无主义”的迷茫，要坚信通过可观察、可测量的学生变化完全可以评价教师教学效果。这就决定了教师评价要把教师专业成长、教学常规的落实、教育教学成绩的提升、升学选拔学生的数量和质量、学科竞赛质量等方面纳入评价，不但看结果，更要看学生在原有基础上的进步和提高。

第三节　高质量教学的实施路径

中小学生是人生的拔节孕穗期，是人生观、世界观、价值观形成的关键阶段。在这一时期，学生会在心理、生理、思想意识、道德品质、文化知识等诸方面产生新旧交替、激烈变化、动荡分化。中小学教学从本校的实际情况出发，全面贯彻党的教育方针，坚持立德树人的根本任务，发挥课堂教学主阵地作用，通过课程育人、文化育人、实践育人等渠道，促进学生全面而有个性的发展，逐渐形成适应个人终身发展和社会需要的必备品格和关键能力，培养德智体美劳全面发展的社会主义建设者和接班人。

一、激发学生学习动力

高质量教学最终落脚点在学生的成长，再好的教学如果没有学生的觉醒和参与都无法达到教学的目的。这就要求教师要通过严格、细致、规范的教学，唤醒、激发学生内生动力，培养和锻炼学生良好的思想政治素质，培养学生从小树立远大理想，具有奋斗精神、组织纪律意识、民主法制观念和对国家、社会、家庭、他人最基本的责任心和义务感等；培养和锻炼学生高尚的道德情操，具有团结协作、勤劳勇敢、艰苦朴素、乐观进取的美德和自尊、自信、自立、自强的精神品质等。学生有理想、有本领、有担当、有作为，高质量教学才会真落地、见真效。

（一）高尚的文化引领人

高质量教学强调教学改革，强调教与学方式的重要性，但绝不排斥高尚的理想追求、敢于质疑的思辨品质、艰苦奋斗的创业精神、合作互助的良好品质，也不排除组织纪律的养成、坚强勇敢的挫折教育。这应该是优秀的人所具有的健康心理和良好精神状态的具体表现，是成功的基础。学校文化的形成非一日之功，要经过引发、认同、积淀、固化、传承等漫长的过程，甚至需要几代人的努力。高尚的文化也不是从天而降的，更不是凭空生成的，需要通过年复一年、日复一日不断地灌输和教育、严格的要求和训练才能逐步形成的。学生来自不同家庭，身上深深地打上了原生家庭文化的烙印，教师千万不要抱怨学生成长的家庭环境，身上养成的不良习惯，要认识到教育不仅有顺从，更大的价值是引领，家庭环境虽然对学生的一生发展起很大的作用，但是学生后天接受的教育和文化才起决定性作用。高质量教学要高度重视健康、高尚、向上、积极的学校文化建设，教师不但要使自己成为学生的楷模，也要负担起教育学生学习并养成良好思想、道德、心理品质的责任，让学生懂得尊重他人、尊重集体、尊重自己，教会学生敢于立志、树立踔厉奋发的精神，养成坚定的理想信念、敢于战胜艰难险阻的意志，这是提升质量的内在动力。

（二）良好的关系促进人

师生关系是教学活动中最重要的一对关系。有人认为师生关系像父子、母子的家庭关系，但这种关系只是人类最自然、最原始的关系，家长爱子女是本能是天生，而教师和学生关系是超越了自然的血缘关系，是一种更加伟大、更加神圣的关系；也有人认为师生关系是朋友关系，但这种关系只是社会关系中最感性、最本能的关系，朋友有诤友、有益友、有损友，合则聚不合则散，而教师和学生关系是超越感性的功利关系，是一种更加理智、更加无私的关系。故此，师生之间既不是家庭间血缘关系，也不是朋友之间的关系，而是为了一个共同的奋斗目标，亦师亦友的合作关系。这就要求教学要尊重学生人格，畅通与学生平等沟通的渠道，建立良好的师生关系。教师要学会等待，包容学生的幼稚，包容他们的错误。聆听花开的声音，期待花开的美丽，当然对学生的错误一定要做善意的批评和引导，如果我们对学生的错误视而不见就会使学生得到默许的心理暗示，纠正起来就变得很难。实践证明，没有惩戒的教育算不上完整的教育，但是我们也不能做体罚学生、变相体罚学生的这种出力不讨好的事情，这只会使教育变得更糟。高质量教学要考虑的是，什么样的话语最能打动孩子的心？什么样的方法最有效？什么样的时机最恰当？无论什么样的惩戒，都不是恐吓、不是羞辱、不是让学生害怕，而是要以爱为基础，走进学生心灵，触发他的良知，指向学生成长、成熟和发展。

（三）丰富的情感唤醒人

每个人的内心都是善和恶的统一体，每个人的人格结构都有本我、自我、超我三部分，每个人的成长都是由自觉走向自由的过程。教育绝不仅仅是传授知识，也绝不是枯燥的学习，还有丰富的情感体验和人文关怀。学校的教育是为学生的一生在做准备，我们绝不能做“杀鸡取卵”的傻事，也不能做以扼杀学生学习兴趣和爱好为代价获得成绩的错事。高质量教学要不断丰富学生的情感体验，让学生在获得知识的同时感受到教师对他的爱，感受到家庭对他的爱，感受到党、国家、社会对他的爱，并指导学生用自己的真情实感去感受生活、感受社会、感受人生，让学生获得幸福的体验，让他们在施爱时不断丰富自己的情感；要不断促进学生健康心理品质的形成，让学生认识到生理上的健康和生活上的富有未必就幸福，政治上的名利和物质上的满足也未必就没有了烦恼，真正的快乐源于健康的心理和人生的一种态度，当学生学会用健康的心理去看待社会的纷繁和复杂、看待社会的多样性时，就学会了理解和包容，就会体会到快乐、幸福；要不断让学生体验成功，让学生认识到真正的成功不一定是做出了惊天动地的大事业，也不一定是考上了名牌大学，而是在社会中找到了适合自己发展的空间，使自己的个性和特长得以充分展示和张扬，无论在哪里都能够努力实现人生的价值。特别要指出的是，教育是一项指向未来的事业，是在为解决明天的事做准备，中小学教育只是学生漫长人生中一小段旅程，学生所追求的幸福、快乐和成功都不是暂时的，因此，教师不能成为“近视眼”，教学也要去除“功利性”，一定要着眼学生终身发展来展开教育教学工作。

二、塑造良好师德师风

高质量教学的实施关键是教师。教师是教育教学活动的核心力量，再好的教学都需要教师的劳动去实现。遇到有坚定的理想信仰、高尚的师德师风、勤奋的学习精神、强烈的研究意识和高超的教学艺术的教师队伍是学生一辈子的福气，塑造和拥有一批这样的教师是实施高质量教学的核心力量。

（一）把方向

所有的课程都是国家意志的体现，教学要牢牢把握教学的政治方向，严格落实国家课程，严把政治关；要坚持素养导向，深刻理解各门课程的育人价值，加强教学和考试评价中的正确价值观引导，重视必备品格和关键能力的培育，注重培养学生的家国情怀、社会责任、创新精神和实践能力；要以培养有理想、有本领、有担当的时代新人作为培养目标来统领教学改革和考试评价改革，旗帜鲜明地反对急功近利的快餐式教育，把立德树人根本任务落实到人才培养的各个方面和各个环节。

（二）爱学生

学生千差万别、性格迥异、成绩不同，班级里总有极个别品学兼优的学生，也会有一些不上进的、成绩差的、叛逆的学生，还会有性格内向、不善表达、不善交往的学生，作为教师没有选择自己喜欢学生的权利，每一个学生都应该得到尊重、爱护、关心，每一个孩子都不可以放弃，这是教师的责任、义务、价值和职业的光荣。教师应该坚持“为了一切学生”的理念，在喜欢可爱的学生的同时，不冷落了其他学生，更不能讽刺、挖苦、体罚。当然，努力去喜欢并不可爱的学生确实不是容易的事，但并不是不可能的事。一个素质优秀的学生其实让教师花的力气并不多，他不仅需要教师的爱，更需要更高的要求、正确的引导、广阔的发展空间；而在某方面存在不足的学生就不一样，他最需要的不仅是知识的传授与严格的要求，更需要教师的关注、教师的关爱，即使学生升学没有希望，但对一个家庭来说仍然是全部和希望，对一个孩子来说更是一生和未来。其实，可爱不可爱、优秀不优秀都是相对的，现在可爱并不意味永远可爱，现在不优秀也不表明他永远不优秀。教师要以高度的责任感、神圣的使命感，无差别地爱每一个学生，满腔热忱地对每一个孩子的未来负责，这是当前在师德师风建设方面迫切需要提升的关键点。

（三）育人才

教学的无效往往是我们不了解学生而造成的，通常教师了解一个学生，是看分数、看基础、看表现，很少走进学生的内心深处，去发现学生的个性、爱好、特长、志向，更不要说去分析学生智能特点、人生规划。教师要相信每一个孩子都是与众不同的，每一个孩子都是有独特价值的，只要真正地去了解就不难发现学生身上的优点、长处。教师要经常和学生谈心、进行家访，经常和班主任及其他教师沟通，全面、历史地看待学生，在教学中选择合适的内容、方法和时机，激励学生树立人生目标、明确前进方向、促进学生自我发展。教师要树立“因材施教”的意识，通过科学的方法找到学生学习中的不足和缺陷，找到学生成长道路上的制约因素，通过一对一辅导、专项训练、分层次教学、实验实践等办法，发扬特长、补上短板，培养其学习能力和健全人格，提升其发现问题、分析问题、解决问题、交流合作、展示表达、创新创造的能力。教师要学会打“长期战”“持久战”，学生性格的特点、学习的基础、知识的缺陷、能力的匮乏、习惯的养成都是多年形成的，影响因素也很复杂，教师的教育和积极影响，可能会遭到学生已有思想的筛选和逆反，这就造成教育转化学生不是做一次报告、表一次决心就能矫正的，往往需要持续的教育、矫正，甚至是多次的反复，教师要克服急躁心理，不能操之过急，坚持“正面灌输”和“经常训练”相结合，循序渐进、久久为功、厚积薄发、养成习惯。

（四）养习惯

促使学生养成良好的行为习惯是每一位教师必须学会的一项基本功。古人讲“勿以善小而不为，勿以恶小而为之”，有时候，一个小小的好习惯便能够成就人，同样，一个小小的恶习也足以毁掉人。教学中千万不要忽视那些细微的小事，要从小事开始，不断强化正向教育引导力度，日积月累培养学生良好的学习习惯、思维习惯、生活习惯。教师要通过前后对比、榜样激励、规章制度约束，让学生明白哪些是好习惯、哪些是不好的习惯，并明确培养的目标，不断强化心理暗示，同向努力。教师要指导学生制定切实可行的阶段行为目标，关注学生的改变，鼓励学生的进步，要让学生体会到进步的快乐，持续坚持下去，从量变到质变，养成好习惯。教师要集合集体智慧，和其他教师加强沟通协调，步调一致聚焦学生习惯养成。教师要发挥同伴互助的作用，开展一对一、多对一的帮扶活动，让学生之间取长补短，手拉手奔向明天。教师要调动家长的力量，改进家庭教育方法，不断强化监督和提醒，家校协同培养学生好习惯。实践证明，学生一旦养成了自主学习的习惯、掌握科学学习的方法、养成健康的生活方式和科学的思维方法，并且能坚定不移、乐此不疲，就会达到“事半功倍”的效果，极大促进学生学习效率的提高和个人成长，并会沉淀成终身受益的素养。

三、提升教师业务能力

高质量教学对教师专业能力提出了更高要求，教师先进的教育理念、深厚的学识水平、扎实的教学功底是高质量教学的关键。教师进一步加强对课标、教材、学习规律的研究，深度挖掘教学内容，提高教师对教学内容结构化的加工能力；要注意同一学科内、不同学科间的知识的渗透和融合，提高大单元教学能力；要遵循教学的特点和规律，提高启发式、问题式、情景式和探究式的教学活动组织能力；要依据学生的年龄特点和学科特点，创设合理教学情境和教学主题，提高实践育人能力。

（一）提高教学内容结构化加工能力

传统教学大多采用按照课时设计教学内容，采取分知识点进行解析和配以单项训练的思路进行，忽视教学内容的局部与整体、知识与能力的内在联系，这种“点状”“零散”分散的教学内容，无法使学生在知识之间建立关联性和整体性，难以形成全面、深刻、持久的理解和认识。课程内容结构化就是要基于学科素养，遵循学科的本质、思想以及内在逻辑，改变教学内容简单的“点状”“线性”安排方式，强化学科知识间的内在关联，增强教学内容与学生学习基础、实际生活以及学科整体结构的内在联系，提高教学效果。教师深入研究课程标准、教材，把课时教学内容放在学科、课程的背景下，有效分析、归纳、整合，重构教学内容，构建任务、项目、主题式的学科知识结构单元，形成横向关联互动、纵向进阶衔接的课程内容结构体系。要建立和教学内容结构相符合的结构化教学活动，以综合性、实践性的教学单元组织形态聚合学习内容，激发学生学习动机，形成知识、能力、情感、态度、价值观的育人综合效应，促进学生核心素养的形成。需要指出的是，教学内容结构化不是无视、忽视、弱化、虚化学科知识，教学内容结构化的前提和基础是扎实的基础知识学习，教师要把基础知识放在学科结构中去重新认识和定位，让学生建立整体概念、系统思维，知其然也要知其所以然。

（二）提高大单元教学能力

传统教学中，我们习惯于按照教材顺序，把教学单元肢解、碎片化到每一个课时，人为割裂了教材编写时单元内容的整体性，造成了教材单元“很丰满”、课时教学“很骨感”的状况。大单元教学就是根据学科核心素养和课程标准的内在要求，站在整体的高度，以更开阔的视野，将教材中相关单元、单元内相关部分、不同学科间相关内容进行系统的重组、整合，促进学生有效学习的发生和核心素养的提升。大单元教学要求发挥教研组、备课组的作用，开展单元的集体备课，明确分工和任务，经过反复的集体研讨、审议、试用、修改，凝聚集体智慧形成单元教学的课件和教学案；教师要充分研读教材内容和相关文献，准确把握学科特点、课程标准，提炼单元教学内容中核心性、统领性、关键性概念，然后将其转化为问题、任务、训练，并再生成相应的子问题、子任务、子训练，形成结构化的问题链和训练链；教学要根据学情、条件、资源实际情况，统筹设计单元教学活动，积极创设实践性、综合性、真实性的教学情境和学习环境，开展基于主题、任务、项目的问题驱动式教学活动，打破信息“孤岛”和知识“碎片”，调动学生思维，激励学生学习，构建知识体系和框架。

（三）提高教学活动组织能力

当前教学存在着能力培养的要求和机械教学过程“满堂灌”的矛盾、自学能动性要求和学生依赖性过重的矛盾、有限教学时间与教学内容繁杂的矛盾、学生差异的现实与统一教学要求的矛盾，造成这些矛盾的突出原因是陈旧的教育理念和落后的教学方式的制约。有效的教学就要重视发挥学生的主体作用，重构教学方式。高质量教学要构建清晰的知识体系，厘清知识点、明确易混点、抓住能力点、激发兴趣点、突破重难点，教师自己“昏昏”是无法让学生“昭昭”的；要善于把知识与实践联系起来，把教材与生活联系起来，把教学与学情联系起来，把已有知识基础和新知识结合起来，积极创设生动情景和互动启发的活动，让学生口、手、脑充分动起来，调动学生思维，引发学生思考，让学生积极参与教学活动；要不断培养学生的自学能力，逐步引导学生学会自主预习、自主阅读教材、自主提炼有用信息、自主解决困惑问题、自主完成作业，教材上有的、学生会的内容和学生通过思考、合作学习能解决的问题不讲或者少讲，课堂上主要以检验学生自主学习的效果、构建知识体系、强化基本概念间的联系、训练思维方法和学习习惯、培养学生知识迁移和运用能力为主；要通过学生课堂回答、课时练习、课后作业等方式及时复盘学生的学习状况，及时矫正学生偏差认识。

（四）提高实践育人能力

传统育人方式以教室为主要场所，以传授知识为主要内容，以听、记、练、考为主要方式，这种方式具有教学组织有序、基础知识扎实的优势，但也存在学生素养不高、学习能力较弱、学生创造和创新不足的弊端。实践育人就是要通过实践，让学生“做中学”“用中学”“创中学”，把教室与社会、学习与实践、知识与能力、思想与行动结合起来，通过训练和培养让知识沉淀为能力和品格，持久、真实地表现出来并落实到行动上。高质量教学要着眼让学生自主参与和经历、体验和感悟，设计让学生做、用、创的实践活动，通过观察、考察、实验、调研、操作、设计、策划、制作、观赏、阅读、创作、创造等学习活动，形成以实践为中心的新型育人方式；要注重真实情境的创设，增强学生认识真实世界、解决真实问题的能力，学生对学习不感兴趣，一个重要的原因是学习意识的丧失，当学生感觉到所学知识与其已有经验、现实世界、实际生活有关联时，就很容易产生探究的兴趣，真实情景的创设过程就是对知识、技能包装的过程，可以是对学生已有生活经验的重现，也可以是对学生未来世界的预设，还可以是学生实践中面临的困惑和问题，引导学生学以致用，知行合一。当然，实践育人和学生认识是有机整体，认识来源于实践，也要用于引领、指导实践，实践可以深化认识、提高认识、推进认识重构和认识的创新，两者不能对立起来，都要得到重视。

第四节　高质量教学的保障措施

高质量教学是涉及教学、作业、辅导、评价检测等方面的系统工程，新课程新课标新教材新考试要求教学从“知识本位”转向“素养本位”，从死记硬背的应试追求转向解决问题的能力培养，从碎片积累的组装式学习转向系统化学、用、做、创相结合的学习，从关注教学结果转向关注教学过程，这就要求我们以素养为指向，抓住教学实施中各种关键要素，从提高作业质量、改进质量评价、强化课后反思、加强教研工作等多方面一起发力，保障高质量教学全过程、全链条得到落实，确保育人任务的完成、教学质量的提高。

一、提高作业质量

作业是高质量教学的关键领域，是促进核心素养发展的重要手段，也是判断教师专业发展水平的重要标志。长期以来，作业的功能被窄化为巩固课堂知识的手段，其实作业具有诊断、巩固、学情分析等综合功能，对学生学业质量、改进教学、发展学生素养具有重要作用。在作业设计上，要发挥教研组、备课组集体力量，从以课时为单位的孤立的、零散的、碎片的知识点罗列式作业设计转向依据单元课标、课时安排，以单元为单位的整体化、结构化选编、改编和创编单元作业。在作业内容上，要统筹设计作业类型、难度、时间，体现情境性、综合性、开放性、实践性，既有夯实基础的阅读预习、书面练习、背诵记忆类知识型作业，也要有体现核心素养要求的跨学科、长周期的综合实践类和能力型作业；既要面向全体学生，还要兼顾学生差异，让每个学生都有适合自己的作业。在作业实施上，要严格作业批改、分析、讲评、辅导等各个环节，尽量全批全改、面批面改，并针对作业中出现的问题和背后的原因，及时进行讲评和个别辅导，达到举一反三的目的，确保产生好的作业效果。

二、改进质量评价

学业质量评价是个“诊断器”“指挥棒”“牵引器”“动力源”，在分析诊断学情教情、循证改进教育教学、评价教师学生、调动师生积极性上具有重要的、不可替代的作用。教学中我们常用的学业质量评价办法是考试、测验、综合素质评价等，高质量教学要从改进学业质量评价方式、加强学业质量评价内容研究、规范学业质量评价结果运用等多方面建立科学的学业质量评价制度，倒逼教学过程、教学方式、学习方式、教学内容回归到素养本位上。过去我们习惯于教育业务部门统一组织的期中考试、期末考试和学校组织的月考、周考、单元考等方式，在“双减”背景下，学校要大规模压减统一内容、统一时间、统一阅卷批改、统一分析反馈等“一刀切”的考试次数，以减轻学生考试负担，但这并不是不要学业质量检测。高质量教学在学业质量评价方式上，可以教研组、备课组、班级为单元，引导教师开展课堂观测、随堂练习、单元达标诊断、学情抽样调研、知识竞赛、专题专项训练等必要的即时性学情诊断方式；在学业质量评价的时间上，可以随堂进行、单元进行、课时进行、课后进行，随讲随练，随学随巩固，随教随诊断，及时跟进学生学习过程，诊断学生知识掌握情况，及时调整教学进度、增删教学内容，让评价回归平时、回归常态，真正促进学生全面发展健康成长；在学业质量评价工具上，可以根据学科、学生特点和评价测试的内容目的，恰当运用纸笔测验、现场访谈、问卷调查、动手操作、成果展示、口头测试、学生述评、抽样调研等多种方式，关注学生典型行为的表现，科学评价学习情况，精准改进教学；在学业质量评价内容上，要以核心素养为根本，要以解决问题为导向，把知识放在学科结构和知识系统中，让评价发生在知识生成或应用的情境之中，引导和激发学生运用所学知识发现问题、提出问题、分析问题、解决问题的能力；在学业质量评价结果上，要以培养能力为根本，培养学生思维能力、探究能力、合作交流能力、动手实践能力、创新创造能力，坚决扭转以分数为导向的应试倾向，采取客观性评价和主观性评价、结果性评价和增值性评价、个人评价和他人评价、过程性评价和综合性评价相结合的办法，以分数、等级、表现评语、过程积分制等方式呈现，关注学生真实发生的进步，捕捉学生有价值的表现，发挥学业质量评价对教育教学重要的诊断、评价、改进、提升作用，牵引教学牢固树立核心素养导向。

三、强化课后反思

课后反思是教师成长之母，是教师专业成长的“催化剂”，是教学素养立意的“大熔炉”。传统教学注意教学实践过程，但对教学的随机生成、宝贵的经验教训缺乏应有的记录、思考、研究，很多教学中智慧的碰撞、有价值的东西，如果课后不及时进行“复盘”“固化”“传承”，会像火花一样一闪而过。高质量教学的课后反思要求教师遵循认识、实践、再认识、再实践的认知规律，及时总结教学实践的得与失、成功与不足、经验与教训，进一步加深对课标要求、教材内容的理解，为改进优化教育教学方法、提高教育教学水平，提供鲜活、生动、深刻依据。在反思内容上，教师站在单元教学的角度对教学目标、教学内容、教学环节、教学方式、教学效果等方面根据课堂进展情况和学生学习情况进行反思，厘清哪些是精彩的令自己满意的地方，哪些是不足的令自己懊悔的地方，哪些是有价值的需要继续坚持的地方，哪些是无效的需要改进的地方，哪些是自己预设并顺利达成的地方，哪些是学生生成而自己没有想到的地方，这些问题背后的原因是什么？我该怎么弥补和改进？这些真实的心理感受和思考都可以毫无保留地记录下来，持之以恒、久久为功就会沉淀为教师的专业素养，大大提高教学能力和水平；在课后反思形式上，可以是心得体会、经验总结、失误纠正等形式，可长可短，也可以是教学案的批注、学生案例点评、困惑问题的记录，形式多样，贵在及时、贵在坚持；在课后反思结果上，教师要认识到教学有许多确定性，任何教学都是遗憾的艺术，都不会完美无缺，教师要善于抓住那些有价值的案例和教学中困惑的地方，深入思考其背后的因素，看得见现象更要看得见本质，看得见内容更要看得见素养，看得见表象更要探求规律，通过查阅文献、专家指导、同行请教进行深入研究，完成这些案例和问题的复述、关联、转化，最后以论文、课题等方式呈现，从这个意义上，课后反思就是科学研究，课后反思的资料会成为科学研究的起点和最为珍贵的资源。

四、加强教研工作

教研制度是中国教育在长期发展中形成的具有中国特色的教育制度，是高质量教学体系的重要组成部分，教研质量直接关乎教学的成效，关乎教师队伍专业水平，这一点已经成为全世界教育界的共识。在教研队伍上，要选聘校内外学识水平高、专业能力强、善学习肯钻研、具有团队意识和凝聚力、拥有担当和奉献精神的高水平教师担任教研组长、备课组长，把教研组、备课组建设成学习型、研究型组织；在教研内容上，要坚持“价值引领”，引导教师立志“国之大者”，勇于承担为党育人、为国育才的责任和使命，站在为学生一生负责、为中华民族伟大复兴负责的高度，确立学科育人的目标，要坚持“问题导向”，准确把握新课程、新课标、新教材、新考试的方向和要求，丰富教学内容，改进教学方式，增加资源供给，强化核心素养培育，着力提升教师行动自觉和实践能力，要坚持“任务驱动”，研究学生、研究学习，重视学习方法指导，养成学习习惯、激发学习兴趣、培养学生能力，提升学生素养；在教研方法上，要规范教研活动常态化组织和督导考核机制，积极开展案例式、互动式、个性化、研究型的教研活动，要建立大教研机制，统筹开展跨学科、跨学段教研，增强学科融合、学段贯通，引导教师突破学科、学段边界，搭建起共建、共享的教研平台。

高质量教学是教育界一直苦苦探索和追求的理想，也是一个永无止境的实践探索过程，这既是对人民群众对高质量教育需求的主动回应，也是遵循教育规律培养学生核心素养的自觉努力。在这个过程中，会面临一系列新问题、新挑战，我们要不断思考、深入研究、主动参与，在鲜活生动的教学实践中，找到规律，为办好每一所学校、上好每一堂课、育好每一个学生做积极贡献。

第二章　高质量教学的设计策略

高质量教学设计是高质量教学的起点，好的教学设计是上好课的基础。教学设计的过程是教师教育理念、教学观念、专业能力和对教学的预测能力、学情把握等方面的综合体现，只有解决好教学设计的问题，才有可能进一步解决课堂教学模式、学生学习方式的问题。

高质量教学设计是指基于教师“教”和学生“学”而建立的“教学案一体化”的教学设计（以下简称“教学案”），它既不同于教师教学用的教案，也不同于学生学习用的学案或导学案，是一种高效的备课方法。其内涵是把教师教案和学生学案、导学案结合起来，既是教师备课的教案，又是学生学习的笔记；既是教师教学的内容，又是学生学习的内容；既是课堂巩固的依据，又是课后复习提升的资料，是一种师生共用，教、学、评一体化的新的备课、教学、学习方式，长期的实践证明，以“教学案”为载体的教学设计是一种高质量教学设计策略，能够把教师和学生的注意力吸引到一起，有利于课堂教学改革转变，能够适应新时代教育改革发展的需要。

第一节　高质量教学设计的意义

一、有利于提高教师备课能力

传统备课说"备学生"，更多的是一种观念，因为真正地做到"备学生"，是不好把握的，所以教师备课时更多的还是关注知识、关注成绩。"教学案"要求教师备课要在充分分析教材知识和教学内容的基础上，把教材逆转化为问题系统和训练系统，并且把教师教学方式和学生学习方法结合在一起，体现课前、课中和课后三阶段的学习过程。从这个角度讲，教师备课的内容由过去的备知识系统转向了备问题系统和训练系统，教师备课的方式由"以我定教"转向"以学定教"，教师备课的目标由备"教"转向备"导"、备"讲"变成备"学"，实现教、学、评合一，能够较好地解决"备学生"的手段和目的问题，实现教学目标的最大化和最优化。

二、有利于提高课堂教学效率

以"传授"为主要形式的课堂，教师更多的是关注自己的讲，这种课堂上的教师普遍感觉是唯恐讲得不到位、不全面，以至于滔滔不绝，教师是过度紧张的，注意力更多地指向知识体系上。而使用"教学案"的课堂上，教学过程从预习和复习旧知开始，将课堂学习的一部分内容前移到课前预习环节中，课堂上学生依据问题系统、训练系统，通过自主、互学、讨论解决相当一部分学习内容，节省了教学时间，加快了教学进度，增加了课堂容量，提高了教学效率。这样的课堂，教师讲的少了，写的少了，教师走下讲台的时间多了，走进学生中间的时间多了，教师更多的是关注学生的学，注意力更多地指向学生的学习状态上，有了更充裕的时间来观察、了解学生的学习和组织教学活动了，控制课堂节奏的可能性增大。

三、有利于提高学生学习效果

传统课堂学生学习以听、记为主，以思考为辅，而“教学案”虽然不排斥教师的讲、学生的听，但更多的是通过知识获取问题化、问题解决训练化、能力培养思维化的过程，呈现给学生一系列有价值的问题，将更多的时间留给学生阅读教材、思考问题、互动交流，去探索、去解决，有力地引导学生学习行为从听、记为主转向阅读、思考、讨论、活动为主，实现课前预习有目标、课堂学习有过程、课后巩固有依据、训练提高有指向，使课堂教学更加充分体现出学生的主体地位，减轻学习负担，提高课堂效率，培养自主学习习惯，提升探究思维能力。

第二节　高质量教学设计的思想

“教学案”教学设计的思想是指以学生为主体，以学习为突破口，以自主学习、合作交流、课堂巩固、课后拓展为主要学习方式，以教师指导点拨、提问训练为主要教学方式，以培养学生学科核心素养为主要教学目标，通过“教学案”的方式，把教师对教材学习、分析的隐性思维过程转化为显性的问题系统和训练系统，具有以下科学内涵：

一、隐性思维与显性过程的融合

古代有句话叫作“愚者谙于成事，智者见于未萌”。任何行为都是在动机的支配下发生的，所有的教学都是有目的的，所有的活动都是有指向的。教师如果对教学动机感知不清晰，就会产生很多事情已经发生了，还不知道是怎么回事的感觉，导致教学方法、学习路径等教学行为出现问题，影响学习目标的实现。教学设计的过程实际上是一个隐性思维的过程，教师在教学前，一定会自觉地思考以下问题：这一部分教材讲的是什么？是怎样论述的？分成几个层次？重点是什么？难点是什么？通过什么方法让学生更好地阅读、理解、掌握和运用？怎样才能更好地知道学生理解没理解、掌握没掌握、会不会很好地应用？这种思考的水平高低姑且不论，但这个过程是一定存在的，而且，很多情况下是在无意的状态下存在的，这就是一个隐性思维的过程；但在课堂教学中，教师又要把自己隐性的思维还原成课堂教学内容，通过适切教学活动和教学方式来达成教学目标，这时呈现出来的又是一个显性的过程。在整个教学过程中，这两者往往会出现脱节，学生在显性的学习过程中只是孤立地接受了知识，而接触不到教师的隐性思维和设计思想，直接影响教学效果。“教学案”的教学设计要求坚持以学生为中心，所有备课和教学行为都要以学生学习和接受为出发点，较好地把教师对教材学习、分析的隐性思维过程转化为学习的显性的问题系统和训练系统，有效提高了对教学动机的感知，增加教学行为的自觉性，使我们的教学行为更加有效和优化。

二、教学方式与学习方式的融合

传统教案侧重于从教师教的方面来考虑，教师考虑更多的问题是这节课的教学目的、教学重难点是什么？准备采用哪些方法，能让学生更好地理解和接受？用直观教具还是用多媒体来演示，哪个学习结果更好？好的教案也能做到备学生、备教材、备教法，其中教学进程部分也会安排学生活动，但更多的教案做的是“搬运工”的工作，把教材、教参上的东西搬到教案本上，以备检查；传统的学案、导学案侧重于从学生学的方面设计，教师考虑更多的问题是：怎么通过课堂教学让学生掌握知识，学会把教材中的有效信息提取出来，学会加工处理这些信息和运用这些信息解决实际问题。“教学案”的教学设计是立足于教师的“教”和学生的“学”，打通两者之间壁垒，把教师备课时的隐性思维过程显性呈现在学生面前，把教学方式贯穿整个学习过程，能有效提高学习效率，提升学生学习获得感。

三、问题系统和训练系统的融合

传统教案主要有教学目标、教学重难点、教学用具、教学方法、教学时数、教学进程、作业布置、教学后记或反思等内容，学案和导学案主要有预习、自学、讨论、练习等内容，而“教学案”的教学设计上没有这些东西，它是把教案、学案上的内容转换成问题系统和训练系统。问题系统设计是按照教学内容内在逻辑结构和学生思维认知特点，在每一个大问题下面分解出来一系列的子问题，形成问题链条。这些问题不是孤立的，而是围绕着一个主问题，或并列或递进或归纳或演绎，循序渐进、层层深入，实际上问题链就是一条思维链、逻辑链、认知链。为使问题得到很好的解决，方案还要求配以相辅相成的训练系统，通过即时训练、课时训练、课后训练、专项训练等方式，达到解决问题、巩固知识、迁移能力之目的。

第三节　高质量教学设计的原则

一、以教师为主导

以教师为主导是指“教学案”的设计虽然强调突出学生的主体地位，但并不是放任自流，而是要发挥教师主导作用，组织学生进行有效学习，使每一个学生体验到成功的喜悦，让每一个学生学有所得，最大限度地调动学生的学习积极性，提高学生学习的自信心。

（一）教师主导“教学案”的教学设计

教师备课时要做到心中有学生，要根据学生认知水平和已有的知识基础，充分考虑教和学的内容、方法，科学严谨地把教材的内容转换为问题系统和训练系统。这些均需要教师提前精心设计，都是有备而来的，学生在课堂上的学习不能游离于教师的教学设计之外。

（二）教师主导“教学案”的课堂落实

学习的过程实际上就是一个发现问题、解决问题的过程。在使用“教学案”的课堂上，教师不是通过讲解驾驭学生的，而是通过提出问题和能力训练驾驭的。教师在课堂上的教和学生在课堂上的学，都是围绕“教学案”的教学设计展开和进行的，这时的教师要从课堂的“主宰”隐退成“指导者”“引领者”。

（三）教师主导“教学案”的评价反馈

评价反馈是对学生学习过程和效果的即时判定。在“教学案”的课堂上，课堂评价反馈是和学习同时发生的，评价反馈不再是学习的终结，而是改进学习方法，提高学习能力的载体。当学生解决了问题和完成训练后，教师要通过丰富的激励性评价语言及时反馈，对正确的或肯定或赏识，对错误的或引导或点拨，直到问题解决，以达到提高评价反馈效果，帮助学生持续发展。

二、以学生为主体

学生是学习的主人，任何人都包办代替不了学生学习的过程。设计好“教学案”，引导学生学习的欲望，掌握学习的方法，培养学习的习惯，提升学习的能力，是一切教学行为的基础。

（一）学生是“教学案”的出发点

教学是师生的共同活动，教师的一切活动都是为学生服务的，学生是提取信息的主体。“教学案”要突出学生的主体地位，一切从学生实际出发，通过问题系统的设置，引领学生带着问题阅读教材，指导学生把教材的有关信息提取出来，从而培养学生提取有效信息的能力，引发学生积极思考，发展学生的个性特点和创造性。

（二）学习是“教学案”的落脚点

学生是学习的主人，也是信息加工的主体。“教学案”着眼学习过程，把学生上课行为由被动的“听”“记”行为转换到多感官并用的“思”“悟”“学”的行为上来，通过答问、质疑，讨论等互动方式，让学生动口、动手、动脑，从而培养学生总结问题、分析加工信息等思维能力、口头表达能力和书面表达能力。

（三）学法是“教学案”的核心点

运用信息是学生重要的思维能力，能不能科学、准确地运用信息是检验学习效果的重要手段。“教学案”要求把教学内容从教材形态转换成问题系统和训练系统，让学生动脑、动手解决问题和进行训练，既要实现检测当堂所学内容、巩固当堂所学知识、训练当堂所学方法、实践当堂所获思维技巧，又要实现考查学科知识、学科能力和学科素养的综合应用，能够较好地实现教学内容和培养学生运用信息解决实际问题能力的有机统一，既能激发学生学习兴趣，又能培养学生形成正确的价值观，高效达成教学目标，促进学生能力和素养的提升。

三、以教材为依据

教材是教师教学和学生学习的根本依据，是国家意志的体现。“教学案”的教学设计要求教师要以课标为纲，以教材为依据，做到目标明确，教法得当，不能撇开课本搞课本以外的东西，那会使我们陷入“虚无主义”的泥潭，是舍本逐末的办法。

（一）把教材文本问题化

教材的内容本身就隐含着一条问题链，教材的编写过程就是把问题文本化的过程。教师要深入学习、分析、研究教材，做到对教材编写的逆推，即把文本问题化，形成问题系统和训练系统，切忌简单照搬课程标准和教材内容。

（二）把教学内容结构化

教师要对教材知识和教学内容进行再加工，再构建，按照先易后难、先单项后综合、先点后面、先知识后能力的原则，充分发掘教材本身和教学内容内在的知识联系，构建知识体系和实现路径，通过科学的问题、训练设计，生成学生各项能力，使教学内容和教学活动更加符合学生实际学情、认知特点和建构规律，尽可能实现教学内容的科学有序、梯度合理。

（三）把教学目标能力化

课堂教学要以“本”为“本”，即以课本为根本、以课堂为根本，既要通过学习教材这种载体使学生具备学习教材以外东西的能力，也要通过在课堂学习的过程使学生更好地具备从材料中提取信息、分析信息、加工信息的能力，以达到“教是为了不教”的目的。

四、以探究为导向

学生学习的过程也是不断发现问题、提出问题、解决问题的探究过程。早在两千多年前，我国伟大的教育家孔子就十分重视运用探究的形式进行教学活动，古希腊苏格拉底的“产婆术”也是利用探究的形式引导学生寻找答案。

（一）以问题为动力

问题是启发学生思维的动力，教学实质是以问题解决为核心展开，提出问题是“教学案”教学不可或缺的环节。教师要善于发现问题、提出问题、解决问题，构建科学、系统的问题系统，在引导学生阅读教材，查阅资料、实验操作、合作交流的探索中激发强烈的学习欲望。要不断通过问题系统来强化信息传输、评价反馈学生学习情况、调控课堂教学进程、沟通交流师生感情。

（二）以训练为主线

训练是学生掌握知识，形成能力的重要方法。在“教学案”教学设计中，教师通过设计训练系统可以进一步深化对教学内容的理解，科学评估和诊断自己的“教”和学生的“学”，及时调整和优化教学方法和学习方法。学生也可以通过训练系统不断强化、巩固、迁移学习内容，有效地达到内化能力和思维的目的。训练系统用得好就可以很好地解决知识与能力的伴生关系，激活学生的学习兴趣，提升教学质量。

（三）以创新为目的

创新是学生学习效果的最高层级，“教学案”教学设计就是要在学生所学知识和现实世界之间架起桥梁，让学生明白学习的意义；就是要在学生已有知识和新知识之间建立通道，让学生搭建学习的支架；就是要在课堂学习和社会实践之间打开通道，让学生学以致用；就是要在课时、单元、学科之间贯通知识全貌，让学生建构知识体系，从而提高教学效果，培养学生的创新意识、创新能力。

五、以合作为方法

（一）“教学案”编写的合作

“教学案”设计的质量直接关系教学质量，“教学案”的编写不能“单打独斗”，应该发挥备课组、教研组的作用，凝聚集体的智慧，也不能“闭门造车”，应该师生共同参与，实现以学定教，教、学一体。

（二）学习过程的合作

“教学案”的设计要充分考虑开展学习社区内成员的合作、社区之间的合作学习，指导学生开展互动交流、研讨探究，互帮互助，共同进步。同时，还要有利于在课堂上开展师生合作教学，能够促进师生教学互动、平等探究、思维碰撞、知识生成。

（三）学习资源的合作

“教学案”的设计要体现多种资源的合作，要紧扣时代脉搏、关注社会发展、着眼实践能力，要能够充分整合社会、家庭、学校资源，给学生动眼观察、动耳倾听、动脑思考、动手操作、动笔书写的机会，提高能力，发展个性和特长。

第四节　高质量教学设计的形式

从形式上看，“教学案一体化”的教学设计分为两个部分，即问题系统部分和训练系统部分。

一、问题系统

（一）问题的设计

1. 要保证问题的科学性。教师在设计问题时，应充分考虑学生思维特点、认知规律和接受能力，设置的问题应该是信息量适中并经过学生思考可以回答的合理问题，问题的指向必须明确、具体，不产生歧义，即使是发散性问题，其答案的范围也应是可预料的。

2. 要保证问题设计有效。教师设计的问题应该以学生已有知识或社会生活实践体验为前提，使教材的内容与学生已有的知识建立联系，呈现理论联系实际、反映科技进步、联系社会发展、体现知识生活化特点。学生通过自己学习、同伴研讨和教师点拨能够完成，切忌含糊不清、模棱两可，令人无所适从、左右为难，这样的问题失去了价值，是无效的。

3. 要保证问题的启发性。教师要针对学生思维困惑和认知冲突设计问题，在课堂上高悬“问号”，激发学生多产生“为什么”，唤起学生研讨、探究的兴趣，调动学生的思维，引发学生通过自己的思维活动和实际操作来解决问题、获取知识的欲望。

（二）问题表述

1. 要创设问题情境。学习的目的不仅是获得知识和成绩，而是要获得个人终身发展和社会发展需求的必备品格和关键能力。教师设问要紧密联系时代发展、社会实践和生产劳动，以发生在学生身边的问题作为问题设计的情境，引导学生积极思考，有效激发学生的探究欲望和兴趣。

2. 要表述准确清楚。教师在设计问题时，一定要注意细节，把问题表述清楚，有时一字之差会得到截然不同的结果，就会使内容发生科学性错误，长此以往，将会给教学带来一定的负面影响。

3. 要设计有效信息。教师设计问题时，要充分考虑学生实际情况，避免宽泛的、不着边际的语言表述，在问题的题干中能指导学生理解题意、调集信息、进行思考、寻找答案，并易于让学生在课堂上组织语言、发表见解、陈述观点，培养学生的主体意识和参与意识，锻炼口头表达能力和语言组织能力。

（三）问题的形式

1. 问题要根据教材形成逻辑链条。问题系统设计是按照教学内容内在逻辑结构和学生思维认知特点，在每一个大问题下面分解出来一系列的子问题，形成问题链条。这些问题不是孤立的，而是围绕着一个主问题，或并列或递进或归纳或演绎，循序渐进、层层深入，实际上问题链就是一条思维链、逻辑链、认知链，不能人为割裂教学内容中内在的价值属性。

2. 问题要根据内容选择恰当展现方式。问题系统设计可以根据问题不同内容选用不同展现方式，或填空或问答或选择或表格。一般来说，“填空式”问题对“点式”的问题比较合适，“选择式”对“易混淆”的问题比较合适，“问答式”对“概括类”的问题比较合适，“表格式”对“对比类”的问题比较合适。

3. 问题要根据教学环节设置不同类型。预习问题一般以教学内容中基础知识的客观性问题为主，引导学生阅读教材提取信息，及时发现学生预习和学习知识过程中的障碍与可能遇到的困难，达到巩固旧知识、衔接新内容的作用。课堂讨论问题一般为易错、易混、易忽视的知识点，以主观问题为主，以引发学生思考和讨论，实现突出教学重点、突破教学难点。拓展延伸问题一般以交汇、综合的知识点、以发散性问题为主，达到培养学生能力和训练学生思维的作用。

（四）问题的内容

1. 要有层次性。按照问题的难易程度和探究问题思维的深浅程度，问题可以分成陈述性问题、理解性问题和运用性问题等三个层次。教师要从学生的实际出发，遵循由简单到复杂、由特殊到一般、由具体到抽象的原则，步步深入，环环相扣，引导学生通过自己动手操作、探索、思考，寻找出一般规律，得出重要结论。需要指出的是，对于陈述性问题应尽量少设计，因为这些问题在教材上能找到答案；也要尽量避免提出超出教材、正在研究尚没有结论的问题，因为这样的问题不是经过课堂教学就能解决的。

2. 要有选择性。并不是教材上所有的内容均要以问题的方式出现，而是有所选择的，问题设计不必面面俱到，无一遗漏，要围绕主干知识进行设计，枝叶的东西可以放到训练系统中去解决。教师在进行问题设计时，不仅要设计知识点上的问题，还要设计知识框架上的问题，要做到点、面结合；不仅要设计知识上的问题，还要设计方法上的问题；不仅要考虑教学目的，还要考虑学生接受能力。

3. 要有包容性。在问题解决的过程中，学生要有一个思考、猜想、验证的时间，教师不能为了赶时间、完进度，不给学生留出思考讨论的时间。在具体的教学过程中，教师不能僵化、机械地执行预设教学内容，而应发挥教学智慧，充分认识到学生回答错误之处往往是最有价值的地方，因为在学生任何大胆的，甚至不切实际的空想中，都蕴藏着一些可贵的创新思想，作为教师不能简单肯定或否定，应该看到学生回答错误背后的东西，充分利用鲜活的生成性资源，积极引导学生去自我验证，自我矫正、自我总结。

二、训练系统

（一）训练的设计

1. 训练要有整体性。训练都是为了实现教学目标而设计的，教师设计训练时，要贯通课程、单元的教学内容，遵循教材编写的内在结构，科学设置每课时的训练内容，保持知识体系的整体性，切忌孤立化、碎片化。在每一堂课上，要统筹即时训练和课时训练，把两者作为一个系列训练系统来考虑，即时训练侧重于基础性的题目，课时训练侧重于综合性的题目，充分体现训练的层次性，实现知识层层递进，能力步步进阶，素养环环紧扣。

2. 训练要有针对性。当前教辅资料满天飞，题目不可谓不多，教师编写的很多训练题也不是原创，而是照抄照搬，甚至出现超纲超标训练题和难题、怪题、偏题，严重影响了训练效果。“教学案”的训练系统要求教师在设计训练时，要针对教材内容、教学目标、知识点和学生的学习实际，学会筛选、精选，通过重组、重构，提高设计质量，以达到高效训练的目的。要避免不加选择把学生引入“题海”中，要通过老师“下题海”，从而使学生“驾轻舟”。

3. 训练要有代表性。由于“教学案”的训练系统要落实到课堂上，所以教师在设计时要选择有典型性、代表性的训练题，不但要注意到知识点的覆盖面，还要让学生能通过训练掌握规律，达到“以一当十”的目的。受到课堂教学时间的限制，要克服贪多、贪全的心理，不能把训练系统设计为题集、题典，训练的题量不应过大，要重点提高训练的实效，以达到既降低学生学习负担又提高学习效率的目的。

（二）训练的内容

1. 训练要分层次。学生差异主要在基础知识、智能特点、学习习惯、学习方法上，在设计训练时教师要充分考虑学情，针对学生的实际分别设计、分层处理。既要设计识记性训练，主要是教材内容的基础题，以检查学生对基础知识掌握的情况；也要设计理解性训练，主要是深化教材内容的发展题，以检查学生对知识掌握的程度和运用知识的能力；还要设计运用性训练，主要为教材内容运用的综合性题，以检查学生对新知识掌握的程度和灵活运用知识的能力。

2. 训练要有梯度。学生学习基础不同，导致一个教学班呈现好中差等不同类型学生，同样的训练题是无法满足不同学习程度学生的需求的。这就要求训练设计要遵循学生的认知规律和学生的学习实际，既要从易到难，形成梯度，也要考虑学生起点，层层拔高，让不同学生都能找到适合自己的训练内容，得到不同程度的发展。

3. 训练要“留白”。设计训练时，教师总害怕学生读不懂、学不会，于是就包办代替，这样会限制学生思维、扼杀学生智慧。教师要信任学生，敢于放手发动学生，要留出足够的时间、空间和创新、创造余地，让学生质疑、思考、研讨，使教学过程中拥有更多生成的东西和诞生精彩的机会。

（三）训练的形式

传统的课堂教学多为二段式的课堂教学，即课堂前一部分时间为学习知识阶段，后一阶段为训练阶段，这种方式的缺点在于没有很好地解决知识与能力的伴生关系。“教学案”设计有即时训练、课时训练、课后训练三个训练系统，较好地解决了这个问题。

1. 即时训练系统。就是指当一个相对完整的子问题解决后配以即时训练，随学随练，及时验证学习效果。即时训练侧重于基础性的题目，作为陈述性知识、概念和规律的学习和研讨，让所有学生特别是基础差的学生通过即时训练达到课程标准要求的基本质量目标。

2. 课时训练系统。课时训练类似于传统课堂教学的作业，就是按照课堂教学进展，当所有问题解决后，在一节课的末尾配以课时训练，主要侧重于理解性知识，作为这节课所学知识的加深、巩固、提高。可以采取竞赛式、游戏式、情景式、讨论式等多种生动活泼的形式，激发基础差的学生努力突破，鼓励基础好的学生重点突破。

3. 课后训练系统。每次课后，要留巩固性、实践性、运用性的作业，训练的题型要贴近考试的实际和学生生活实际，让学生学以致用、知行合一。特别要对课堂训练中暴露出来的基础知识不牢固的学生进行有目的的专项训练，可以根据易错易混点每天推送 1—3 个的基础性试题，要求学生在限定的时间内完成，教师可以面批交流，及时批改，错题做到及时纠正。

第五节　高质量教学设计的程序

“教学案”因为要按课时进行，与教学进度同步，教师上课和学生学习共用，其设计效果如何直接影响到“教学案”的质量和课堂教学的效率，故此，它的科学性、准确性、严谨性、实效性就显得极为重要，在实践中，应遵循“三定”“四备”“五要”“六环”的程序进行。

一、形式上抓“三定”

强化集体备课，做到定时间、定地点、定内容。现实中，集体备课存在人员召集难、统一时间难、人员分工难、深度研究难等现实困难，导致集体备课流于形式，甚至难以开展。“教学案”的集体备课要求具有强制性特点，学校在制定课表时，要留出固定的集体备课时间，为集体教研提供保障，教研组、备课组成员必须按照要求参加。

二、内容上抓“四备”

集体备课要备课标，即吃透课程的学科素养、编者意图、学科整体结构，形成知识链，构成知识网；要备教材，即吃透教材内容、知识联系、明确教学目标，把握住知识点，构建问题和训练系统；要备学生，即对学生学习基础、性格、智能、习惯、态度等方面深入了解，针对不同层次的学生提出不同的要求，实现“因材施教”；要备教法，即把握住知识的易混点、能力的增长点、思维的激发点，选择适合的教法，或自学或演板或思考或问答或讨论或探究，让学生真正参与学习的全部过程，真正让学生成为学习的主人。

三、管理上抓“五要”

学校要制定“教学案”管理制度，明确“教学案”编制的要求、原则、内容、程序、责任人等，做到有章可循；要进行“教学案”的设计培训，通过召开全体教师会议宣传与发动，教研组、备课组教师认真学习、研讨、吃透“教学案”设计的精神、核心、精髓，做到人人知晓；要分工负责，备课组负责落实各项制度，成员做到分工协作、资源共享、优势互补，确保编写质量；要督导检查，教研组、教务处负责组织对“教学案”设计质量的评估和指导教学案编写，年级组负责对教师的个性化备课、学生的“教学案”完成情况以及教师的批阅情况的检查落实；要考核评价，学校根据编写质量、教学效果定期组织优秀教学案评比，推广先进经验，定期表彰先进教研组、备课组和教师个人。

四、流程上抓“六环”

学期初，备课组长组织本组教师集体研讨，将教材分割成若干个任务，分解给教师个体；上课前两周，主备人在备课组要进行说课，人人发言，主备人集合大家智慧，完成“教学案”初稿；上课前一周，主备人要将教学案初稿印发给组内教师，经教师讨论后形成统一意见，主备教师进行修改、补充、纠正、完善形成“教学案”共用稿；上课前一天，备课组教师再结合本班的特点和情况，对“教学案”进行补充，形成本班个性化“教学案”，经组长审核后印发给学生；上课后，教师要根据课堂教学的实施，通过课后反思给主备人反馈修改意见；学期末，备课组把主备教师修改完善后形成的定稿，打包上传至教研组资源库，供下一届老师共享。

第六节　高质量教学设计的使用

理念不是质量，管理才是质量。再好的教学设计要取得良好的教学效果，都离不开严格的管理措施，在实践中我们要不断丰富和完善使用策略，以达到提高教学质量的目的。

一、课前准备策略

“教学案”教学设计是要师生共用的，因此，在课堂教学进行之前，教师需要立足于常态教学，把教学案设计好、印制好并将教学案提前下发让学生按照方案预习。教学案需要准备两套，一套含答案，供教师使用；一套不含答案，供学生使用。因此，课前教师需要做好三方面工作：

（一）把教学案设计好

教学设计的起点在集体备课，要深入研究课标，把握知识框架和方向；要研读教材，确定目标和内容；要了解学情，选择有效教学和学习方法；要钻研资料，编制好问题系统、训练系统，为上课做好充分准备。“教学案”的基本构成一般应该有科目、章节（单元）、课题、课型、执笔、审核、教学时间、年级班级等稿头内容；有明确的最有价值的知识指向、能力指向和素养指向等教学目标；有预习导学、课堂研讨、当堂巩固、拓展延伸等教学环节。

（二）把教学案印制好

备课组长应对教学案进行审核，备课组内指定一人负责“教学案”的印制和资料保存，主备教师应该在上课的前一天将“教学案”共用稿，交给负责教师，印制后发到学生手中，教师要根据本班情况进行补充和完善。

（三）把教学活动设计好

教师要在“教学案”设计中对课堂教学每一个环节的教学活动预设，包括并不限于学生自主学习方式、时间、要求，对疑难问题进行互动交流的内容、对象、方式、时机、策略，对生成问题进行探究学习的角度、方式和点拨讲解的内容，以及评价激励的标准、方案、策略等，以确保课堂教学每一个环节的效率。

二、课中使用策略

（一）课堂教学使用流程

人的认识过程是一个螺旋式上升的过程，“教学案”把问题和训练落实在数个“子问题”上，而每一个“子问题”的解决就是一个相对完整的教学过程，这就突破了传统教学的知识传授、课堂训练的“二段论”模式，而把课堂教学分成数个“二段论”，这种教学的设计符合人认知的规律，可以克服学生“囫囵吞枣”“吃夹生饭”的现象，其操作程式为：

1. 学生学会阅读教材。教学设计的着眼点在于培养学生从教材中提取有效信息的能力，而在没有问题引领的情况下让学生先读教材，学生的关注点有可能偏离教师的设计意图，加上课堂教学的时间是有限的，如果漫无目的进行阅读和讨论，只会浪费宝贵的课堂时间，降低学习效率。最好的办法是在教学前要留出时间，先把“问号”亮出来，在问题引领下去组织学生阅读教材，开展讨论，以解决目的与形式的矛盾。当然，这并不是说教师一进教室，就一句话不说，“开场白”“复习提问”“有机的过渡”还是十分必要的。

2. 教师结合问题系统进行提问。在学生阅读教材的基础上，教师要结合“教学案”的问题系统进行提问，必要时可以开展讨论。一些教师热衷于追求课堂上热烈的场面，常常问“是不是？”“对不对？”之类的问题，殊不知学生齐声回答并非他们学习效果的真实反映，有时甚至掩盖了真正的无知，这样的提问是无效的，应尽量避免。教师恰到好处的提问，不仅能激发学生强烈的求知欲望，还能促进其知识内化、构建认知结构、强化综合应用能力。其中，陈述性问题，即“是什么”的问题相对简单，学生通过仔细阅读教材就可以找到答案，教师可采用肯定与否定的评价方法；总结概括类问题，即“为什么”的问题相对较难，学生找到的答案也许不正确、也许不完整，教师要有意识地进行引导，可采用多个学生回答或讨论的办法使答案趋于完善，最后教师要引导学生把答案整理好，以备复习使用。

3. 师生结合训练系统检查效果。训练系统要让学生在解决具体问题的情境中体会知识的运用和迁移，这个相对完整的过程可概括为“一学二教三练”，即一个问题解决后，开始下一个循环，课堂上由数个“一学二教三练”的过程组成，这些过程便构成了以“教学案”为载体的课堂教学的总流程。教师可以采取个体评价＋小组评价办法，通过口头表扬、奖励徽章、积分管理等办法对每一个教学流程及时反馈和激励。其中，个体评价是鼓励式评价，既可以强化学习记忆，又能激发学生成功感、自信心，促使学生持续发展；小组评价是“捆绑式”的评价，既可以关注弱势群体缩小差距，实现共同进步，又可以培养学生团队意识、集体观念，不让一个学生掉队。

（二）教师课堂教学行为要求

在使用教学案的课堂上，教师的教学行为和传统的讲台讲授有很大的不同，呈现出新的特点。主要有以下几种：

1. 巡视与指导。教学案下发以后，教师要做的不是“开讲了”，而是要走下讲台，走到学生中间，留心观察学生的学习状态，及时回答学生问题，整体把握学生阅读进度。由于学生个性差异，阅读教材的速度和阅读效果也有不同，教师要有意识指导和训练学生阅读的方法，如：在阅读教材时，用笔把重要的词语、有疑问的地方标记出来，培养学生“不动笔墨不读书”的良好读书习惯；指导学生学会板演的方法，通过暴露思维的过程，激发学生“愤悱”的学习状态。

2. 提问与表达。教学案上的问题是教师预设好的，待大部分学生阅读环节结束后，教师就可以“依案而问”。首先，培养学生提炼加工信息能力。要坚持让学生把问题先读出来，然后把他认为的有效信息说出来。有的老师在操作时，是自己把问题提出来，然后让学生回答。这未尝不可，但让学生来“读”和“说”会更有利于学生对问题的感知，通过学生读、说问题时的语调、语速，有时就可以判断学生对问题的理解程度。读和说的过程，就是培养学生提炼信息、调集知识、加工信息、语言表达的过程。其次，提问要面向全体学生。陈述性问题相对简单，可以提问那些程度偏低的学生，以帮助他们更好地阅读教材，培养他们提炼有效信息的能力；总结概括类问题相对较难，可提问那些程度较好的同学，使他们更准确、更全面地把握问题，培养他们思维的缜密性。再次，要训练学生表达能力。要鼓励学生大胆回答问题，表达自己的观点，声音要响亮。在学生回答问题的过程中，教师一般不要打断学生的思路，可以通过点头、微笑等肢体语言表示自己在关注学生，要耐得住性子，千万不要表现出心不在焉的样子或随意打断学生的表达。训练学生的表达能力，应该成为教师的一种教学行为。最后，学会倾听。过去的课堂更多的是教师“讲”让学生“听”，“教学案”的课堂上更多强调是学生“说”教师“听”，其实，在认真倾听学生表达的过程中，教师就可以更好地了解学生掌握知识的情况。有的老师总是感觉学生总结得不到位、语言表述得不严密，学生说不上两句，就急不可耐地中断了学生的表达，急于把系统化的结论告知学生，长此以往就会导致学生能力之树缺乏充分发展的土壤。

3. 对话与互动。长期以来，教师对课堂问题并未进行深入探讨和研究，往往停留于一般的认识与单纯的模仿。有些教师将以往的“满堂灌”变成了现在的“满堂问”，似乎教室里热热闹闹，就是落实新课程理念了，其实是仍未改变学生在课堂的从属地位，教师还是发号施令者，学生还是围着教师转，问题成为教师手中的教学道具，有其形无其实，让课堂从“问题引领”到“生成智慧”仍是一句空话。在使用“教学案”的课堂上，教师采用更多的教学行为是“对话”，开展最多的活动是“互动”，对话和互动是“教学案”落地见效的有效教学行为。首先，坚持以问题为驱动。问题是对话的前提，没有问题就没有对话的发生。问题引发对话的关键在于问题定位在什么程度上，问得太深或太陌生，无法唤起学生探寻的兴趣；问得太浅太易，无法使学生获得发展。提问的“度”宜把握在通过现有的努力与探寻可以获得结果上。“教学案”在实现教学“对话”上的优势是明显的，因为问题已预设好了，但需注意的是在对话的过程中不要远离预设好的问题，另起炉灶，使对话偏离方向。其次，坚持师生互动。对话强调理解互动，对话双方都要兼顾对方的意愿，调整自己的行为方式，才有可能突破原有体验与理解的局限性，获得新见解。与逻辑连贯、意义确定的“独白”不同，对话的逻辑是相对开放的，如果对话仅停留在形式上的问与答，你一言我一语，没有达成相互的理解，这实质上是独白式的交流，而不是真正意义上的对话。最后，坚持及时评价。评价是对话的有机组成部分，或肯定，或否定，或点拨，或追问，教师恰当的评价可强化提问的效果，切不可低估其作用。当学生完整作答时，教师的一句“很好”就可以调动学生的思维积极性；当学生的回答与众不同，富有创意时，教师一句赞许的话会使之备受鼓舞，乐此不疲。同样，对于回答不理想的学生，教师要亲切诱导、适当点拨，口吻要平易近人，不要居高临下，更不能讥讽挖苦，只有这样，才能调动其学习情绪，使其积极参与到教学中来，真正得到提高。另外，教师及时评价还便于学生找出自己学习上的不足，促进他们养成良好的思维习惯。

4. 讲授与展示。我们也经常把“上课”叫作“讲课”，“讲”几乎成了教师的职业特点，这种“满堂灌”与“满堂讲”的课堂是低效的课堂，也是学生最不喜欢的课堂。“教学案”教学设计并不反对讲授，课堂也离不开教师的“讲”，问题的关键是教师应该怎么讲、什么时候讲。首先，要“画龙点睛”。讲授要发生在学生回答以后，要留给学生思考余地，教师要避免在课堂教学中为了抢时间，提出问题后不等学生思考，就迫不及待地讲解，老是担心学生回答不上来，这种做法明显不符合新课程的要求和学生学习规律。“教学案”教学设计要求教师在提出问题之后，视问题的难度要预留给学生充足的思考时间，如果学生经过独立思考或经过讨论，还是无从下手的问题，教师才可适当讲解。教师要做到学生已经很明白的问题不讲，学生似是而非的问题加以提示，学生不明白的问题适当多讲。其次，要“点到为止”。在课堂教学中，教师的讲解不必滔滔不绝，要把更多的话语权交还给学生，要给学生留下更多的想象空间和发现的机会。讲授重在“点拨”，要把握分寸、留有余地，不把话说死，不要将底牌“全盘托出”，能够把学生引到门边，由学生自己去捅破最后那层薄薄的窗户纸，才是高明的课堂艺术。最后，要循序渐进。教师的讲授不能打破教学内容的结构和顺序，要按照教材的逻辑顺序，循序而进，由浅入深；要考虑学生的认知层次，层层讲解，步步深入，使学生积极思考，逐步得出正确结论。如果前后颠倒，跳跃性过大，会扰乱学生的思维顺序，不利于学生知识的建构和能力的培养，达不到预期的效果。

（三）学生课堂学习行为要求

“教学案”的重要价值取向是调动学生学习积极性，尊重培养发掘学生“学”的能力，培养学科核心素养，为学生将来的可持续发展奠定基础，这就要求学生课堂学习行为要发生根本性变化。

1. 学会自主学习。首先，要明确学习目标。学生要能根据“教学案”，以问题为导向明确学习目标，做到心中有数，带着明确的目的、任务参与学习。其次，要能独立解决问题。学生要学会独立思考，要通过阅读教材、提炼信息、总结规律，解决教学案上的大部分问题，解决不了的问题可以通过和同学讨论、向教师请教寻求解决，培养自主学习习惯。最后，要养成好的学习习惯。在学习中，要学会在教材、“教学案”上做笔记，对于易错、易混知识点和错题要力争弄懂并及时订正，典型问题要收集整理，以便今后复习。每一个学科要准备一个学案夹，每隔一段时间后，将“导学案”进行整理、归类，汇集成重要学习资料。

2. 学会探究学习。首先，学会发散思维。在自主学习中，要多问为什么，敢于提出问题，敢于和自己“过不去”，不放过任何一个学习上的疑问，然后，尽可能展开想象的翅膀，调集各种知识、查阅各种资料，问遍身边的同伴，去寻找问题的答案。其次，学会聚集集体的智慧。探究的问题要有一定的探究性、思想性，对于需要集体的智慧才能完成的任务，学生要学会合作讨论、交流和向教师请教，在探究中解决自己知识的盲点、堵点，在思想碰撞中建构完整的知识网络和能力体系。最后，学会生成能力。在探究中，学生学习的求知欲、成就感、自信心会得到不同程度的锻炼，学生要善于总结归纳，善于探寻规律，不断拓展自己的思维方式，将思想的触角伸向更为深远的领域，生成自己终生必备的能力。

3. 学会交流展示。首先，学生要能展示。学生要学会自然自觉、仪态大方、逻辑清晰地发表自己的看法、阐明道理、抒发感情并能跟同学、老师交换意见。其次，学生要能沟通。能在班里或学习社区里倾听别人的意见，学会去伪存真、去粗取精、抓住问题的实质，敢于公正地质疑、批判他人的观点和改正、补充、完善别人的意见。最后，要能合作。能以包容的心态取他人之长补自己之短，善于集合集体的智慧，有团队意识，互相帮助，积极主动地为集体贡献、分享自己的思想、智慧和力量。

三、课后管理策略

如果只重视课堂教学，不重视课堂教学的后续工作，不重视学生个人的消化与运用，即使课上得好，学生也基本明白了课堂学习内容，也还会存在是否深刻理解和牢固掌握的问题，学生初步掌握的知识还有回生与荒废的可能，这是记忆规律决定的。“教学案”是重要的教学、复习资料，不仅要求重视课前、课中的运用，也对学生的课后管理、学习有明确的要求，以确保教学效果的巩固。

（一）文本资料管理

及时收交与批改“教学案”文本资料，这是巩固课堂教学效果的重要保证。学生是有惰性的，再聪明的人学习松松垮垮也难以成才，及时收交、批改文本资料既可以帮助学生养成在课上积极阅读、积极思考的学习习惯，又可以避免错过学生及时纠误的时机。在使用过程中，我们发现，有的学生上过课后，教学案上问题系统、训练系统仍然是一片空白，该总结的不总结、该整理的不整理，学生往往会以把答案都画在书上或者课上时间太紧来不及整理为理由搪塞老师。长此以往，“教学案”要达到的教学效果就无法实现，其优越性也无从体现。老师要对学生加强思想教育，让学生认识到整理文本资料实际上是对问题的一种再认识，对训练的再温习，整理答案的过程就是一个对知识序列化的过程，也是养成良好学习习惯的过程。同时，要对学生提出明确的文本整理的标准和管理的要求。比如，问题和训练的答案要总结全面、正确，书写要工整，收交要及时，保存要完整等。在学生交上后，教师要及时批改，以便及时反馈。

（二）处理好训练系统与作业的关系

传统意义的作业指教师布置的做在作业本上的课外作业，这和教学案上的训练系统并不矛盾，而是异曲同工。如果教学案上设计的问题已经够了，可以不另外布置作业。比如：对理科类科目来说，可把作业本作为错题集来使用，教师也要收交和批改；对语文学科来说，作文可另外布置写在作文本上；对其他文科类科目来说，可以把作业本作为实践性、开放性作业使用，这样，教师和学生任务量都会相应减小，利于减负提效。

（三）引导学生认真使用

“教学案”教学设计和编写，是教师个人心血的结晶，也是教师群体智慧的结晶，教师要引导、教育学生不要盲目迷信复习资料、教辅用书，更不要搞题海战术，要把学生的目光拉回到“教学案”上、把注意力聚焦在课堂上。为更好地用好“教学案”，落实训练系列的整体性，学校要重视“教学案”的“重现率”，也就是在单元训练、章节达标等各种测试中，要保证“教学案”上的原题有不低于一定比例的重现率，这一点很重要，也是教学案训练特色的一个体现。之所以要强调“重现率”，原因有三：首先，有助于教师确切地把握学生的学习状况。学生在训练时，存在一种普遍现象，即抱着一种“为训练而训练”的心态，只管做题，并没有认真地思考和总结，训练过的题目并没有真正理解和掌握，过了一段时间再来做仍然会出错，题目的“重现”有助于解决这个问题。其次，有助于学生正确归因。训练过的题目做错了，如果不能正确归因，找不到问题的根源就还会错，比如，数学上学生做错题往往归因为粗心、大意，其实是基本知识、基本技能的缺失。教师加以引导，促使学生正确的“归因”，从而针对性地加以改进，掌握正确的学习方法，养成良好学习习惯。同时，还可以提高学生的成就感，引导学生把目光投到课堂上来。最后，有助于学生提高学习效率。学生参加考试，即使题做对了，也存在一个速度问题，能不能在规定的时间里，把问题很好地解决掉，是教学中需要考虑的因素之一，“重现”不单单是一个“温故”的问题，还是提高学生思维敏捷性和高效复习的有效途径。

总而言之，“教学案一体化”的教学设计，聚焦课堂教学主渠道，遵循教育规律，创新改进教和学的方式、方法，较好地实现了教学由“知识本位”转向“能力本位”、由教师的“教”转向学生的“学”、由“分数”的价值追求转向“学科素养”的价值追求，有效推进了课堂教学改革，促进了教学方式更新，实现课堂教学的育人作用。

第三章　高质量教学课堂实施策略

长期以来，教育生产力要素中劳动者是教师，劳动对象是学生，劳动工具是粉笔、黑板、教案，教学改革的主要方向是改进教学、学习方法，但受人的体力、脑力、精力等限制，无论怎么改都会遇到“天花板”，但随着信息技术快速发展和广泛应用，机器和技术极大地突破了人的极限，已经可以将教师和学生、教室和世界、知识和能力、现在和未来紧密地联系起来，这一切必然会对传统的教学的理念、内容、方式，甚至学校形态产生和正在产生革命性的影响。近年来，我国高度重视信息技术建设，在基础教育加大硬件、软件的投入，各地、各校也开始加快数字化、智慧化、智能化校园建设步伐，中小学信息技术教学环境已经初步形成，技术装备也得到了根本性改善，互联网、大数据、人工智能等新技术、新装备得到了广泛运用，对教育教学产生的革命性影响正在显现。但同时，也应该看到很多中小学在信息技术应用上还存在很大差距，比如：先进的信息技术设备没有发挥应有的作用，教学与信息技术存在“两张皮”现象，不少教师还只是停留在使用课件辅助教学阶段，基于大数据的个性化差异化培养还存在差距，等等。

高质量教学的课堂实施策略就是重视并加强教学与信息技术的高度融合，建立基于信息技术的“混合教学模式”，它不同于传统“面对面”的教学，也不同于先进的“云上”课堂，而是一种全新的教学模式。其内涵是：在中小学课堂教学中，基于信息技术的教学环境，立足于信息技术和教学深度融合，吸收传统课堂教学和多媒体教学方式的两种优势，混合“线上”和“线下”两种学习方式，实现教师教学和学生学习深度融合的教学模式。长期实践证明，“混合教学模式”可以形成个性化自主学习的教学环境与系统，又能够形成相互协作的教学环境与系统；既可以发挥教师引导、启发、调控教学过程的主导作用，又能够充分体现学生作为学习主人的主动性、积极性与创造性，具有很强的交互性，是一种高效的、值得推广的教学策略，蕴含巨大的潜力和广阔的发展前景，能极大促进教与学方式的变革，大大提高课堂教学效果。

第一节　混合教学模式的意义

一、有利于提升课堂教学效果

传统的课堂教学是教师讲授、学生学习，无论怎样变革，教和学的根本形态没有变化，这种教学模式有利于教师主导作用的发挥，有利于教师监控整个教学活动进程，有利于进行科学知识的传授，有利于教学目标的完成，但同时也会造成课堂教学像个“标准化”的工业生产系统，教学用同样的教材及统一的节奏教导个性化的学生，生产出大量整齐划一的“产品”。在这种教学模式中，教师会因学生参差不齐、教学内容较重，无法有效关注学生个体，不仅影响学生发挥潜能，更造成知识无法有效传递。而新兴的信息技术和丰富的交互式媒体资源，有便捷的协同交流、友好互动等独特的优势，完全可以凭借丰富的信息技术教学资源和各种交互工具的有力支持，实现个性化和差异化教学，有效地培养学生的探究精神和创新精神，但是这种教学模式在实施有效的沟通和交流方面存在不足，不能完全替代教师的课堂教学。“混合教学模式”最大的优势是能够通过信息技术和交互式媒体，让教师在课堂中能有充分的时间与学生交流，回答学生的问题，对学生的学习进行个别指导，既可以调动师生的主动参与性，又能够通过面对面教学凸显教师的引导作用、人格影响、学习和研究方法的渗透的优势，从而提高教学效果。

二、有利于实现因材施教

每个学生的学习能力和兴趣都不同，在传统教学中，我们努力实现因材施教、分层教学，但让教师全部记住、随时了解每一个学生的背景信息和学习情况是不现实的。“混合教学模式”可以帮助教师通过大数据提供的详细记录、统计与分析，通过查看学生的个人基本信息、学习历史记录、学习活动记录、学习成绩记录等，对学生进行精准诊断和分析，科学找到学生学习的困难所在，并提出针对性的指导意见进行精准辅导，甚至能够有更多的时间进行一对一的交流；也可以帮助每个学生根据自己的知识和技能基础，按自己的速度来学习，速度快的学生可以掌握更深更难的课程内容，速度慢的学生则可以反复学习并寻求教师的帮助；还可以把教师从繁重、无效、重复的劳动中解放出来，有更多的时间和精力组织丰富的实践和开展创新活动，提供更多丰富的学习资源满足学生的不同需求。

三、有利于实现学习方式变革

传统课堂教学中学生的学习是被动的，无法选择教学内容、教学进度，教师教学中往往关注的是那些在课堂上能够积极响应或提出很棒的问题的学生，而其他学生则是被动地听，甚至跟不上教师讲解的进度。“混合教学模式”可以发挥信息技术的优势，教师的“教”和学生的“学”至少一部分可以通过在线学习接收内容，学生可以根据个人的情况和学习步调，自主控制时间、地点、路径和进度，在有监督、指导和反馈的环境和状态下安排自己的学习活动。同时，由于课堂上教师的时间被释放，课堂就变成了师生和生生互动的场所，教师可以有效评估每位学生的学习，可辅导每位有需求的学生，从而达到更好的教育效果，学习针对性、自主性大大增强。

四、有利于减轻学生学业负担

传统课堂教学要面向全体学生，需要班级统一教学进度和教学内容，学生遇到学习上的困难或者想在竞争中获得优势，就会想尽办法参加校外辅导，进行各种名目的补课、培训。“混合教学模式”要求运用互联网联通教学和学习的平台，针对学生量身打造和整合内容，让学生能在他们喜欢的地方、以他们喜欢的步调、选择符合他们智能类型的方法去学习。当遇到疑难问题，学生可以将问题提交到交互式多媒体教学平台的答疑系统，对于一些普遍性的问题，教师可将问题解答的思路和方法作为资源整理到答疑中心中，也可供其他学生遇到类似问题时参考；对于一些个性化问题，在学生提问时系统会自动匹配问题资源，供学生自主解决问题参考使用；为了启发思考，师生都可以向答疑系统提出自己的新问题，由学生解答、互动讨论，也可自问自答，再将问题整理到资源库。这样，随着答疑系统的运行，问题资源会越来越多，学生需要解决的新问题会越来越少。在这种教学模式下，学生参加校外培训的意义就不大了，学生只需要坐在家里，一台电脑、一根网线就能选取自己需要的内容，解决个性学习的需求。

第二节　混合教学模式的实施

交互式媒体的广泛应用和网络的高速发展，让知识的传授变得便捷和容易，教师应该积极适应新技术的发展，改变教学模式，对教学和学生的学习过程进行重构。教师的教学和学生的学习过程由“信息传递”“互动内化”“实践外化”三个阶段组成，传统课堂教学只注重第一阶段的“信息传递”，并把这一过程放在课堂教学最重要的环节，把第二阶段的“互动内化”和第三阶段的“实践外化”放在缺少帮助的课后环节中，导致本应用于师生互动、同伴协作和交流研讨的课堂，常常被教师一个人占用进行知识传授。大量事实证明，由于群体教学和个体差异的矛盾，在课堂上用大量时间进行“信息传递”存在严重缺陷，而“互动内化”能促进知识的吸收建构，“实践外化”能形成素养和能力，大大提高学习效率。因此，在课堂教学中这三个阶段都不能偏废，要相辅相成、互相渗透。

一、信息传递

“信息传递”的过程主要通过课前学习完成。教师通过给学生提供高水平和高质量的“教学案”及配套的微课资源，进行在线授课和在线辅导，学生通过网络教学平台和教育教学资源库进行在线学习。学生学习的视频后面紧跟着凸显基本知识、基本技能的“双基”自测练习，帮助学生及时对学习情况做出诊断，学生自测情况通过云平台及时得到大数据分析，帮助教师了解学情，便于指导下一阶段的学习。在这个阶段，高水平、高质量的优秀微课资源是信息传递的重要基础，也是开展教学并达到教学目标的前提，没有高水平和高质量的优秀微课资源，就相当于先进武器没有弹药，很难达到预期目标。

（一）微课内涵特点

微课不同于“微型教学”“微观教学”“小型教学”等，微课中的“微”是微型、片段的意思。其特点是把复杂的课堂教学分为不同的片段分别进行，主要针对学生学习的难点、重点、易混点、易错点，通过录制几分钟的短视频，集中培训一两个知识点或技能，以便课前、课后预习、复习、研讨使用，使日常复杂的课堂教学得以分解简化。它具有以下特点：

1. 教学视频短小精准。大多数的视频都只有几分钟的时间，比较长的视频也只有十几分钟。每一个视频都针对一个特定的问题，这样查找起来比较方便；视频的长度控制在学生注意力能比较集中的时间范围内，符合学生身心发展特征；通过网络发布的视频，具有暂停、回放等多种功能，可以自我控制，有利于学生的自主学习。

2. 教学信息目标明确。对于课程标准和教材中学生通过预习和自学能够解决的知识与技能的目标，可以把它转变成问题系统和训练系统，引导学生自学。微课主要是对于教学目标中的重点、难点进行讲解，或者提供视频资料让学生提前感知，通过学生自学和网络互动引发学生思考，并在课堂教学时，通过合作、探究、讨论得以实现。

3. 学习情况反馈及时。微课应呈现的是学习思路并伴随问题的提出和自测练习的设置，支持学生在观看了教学视频之后紧跟着做自测题，及时进行检测，并对自己的学习情况做出判断，学生自测情况通过云平台及时汇总处理，帮助教师了解学生的学习状况；支持微课回放，在学生找准难点问题后可以回过头来再看一遍微课，尝试解决，也可以即时提问，教师和其他学习伙伴都可以为其解答，及时进行复盘、巩固。

（二）微课开发的程序

微课的开发应遵循“以校为本，整合资源，集体开发”的原则，依据教材、课标，集合依靠本校本学科教师集体智慧，参考各种优质教育教学资源库和优秀教师精品网络课程，通过专家引领、课题带动、集体备课等方式，制作高水平、高质量优秀的微课。具体程序是：

1. 供给微课资源。有效、多样的微课资源是优秀教师智慧和心血的结晶，是为达到教学目标而用于学生学习的扩展资源。在进行资源准备时，应选用本校版本的教材，结合课程标准，面向学习对象，选取教育部或地方行政部门的权威教育教学资源，参考网络精品课程的教学设计选择适当的内容应用到自己的教学当中，为教师设计微课提供科学、丰富的素材。

2. 选择微课内容。微课是为了教学的深入展开而设计的，其作用在于为学生创造具体的学习情境，并加强师生、生生之间的交流互动。因此，恰当的微课内容对于教学活动的顺利展开尤为重要，应该参照已经设计好的课程目标、课程内容及其呈现形式，并按照教学的进度有针对性地选择和设计。要避免只设计知识性的讲解，应按照新课改的要求，根据课程标准和课程内容，设计一些探究性问题、小组协作问题、分组交流讨论问题、在线智能答疑、自测方案、作业方案和作业评判等内容，并在一定程度上给出相关提示或提供一些材料，引发学生的学习兴趣，激励他们自己利用网络去查找信息，然后通过多媒体互动功能讨论交流问题。

3. 确定微课形式。以本校教研组为单元，通过集体备课，凝聚集体智慧，制定微课教案，形成视频、音频、动画、图形/图像、文本等多种类型或复合型的多媒体微课课件。按照分工合作的原则，根据教师特长，分别录制出优秀的微课视频，既可以是内容呈现和讲解型的教学资源，也可以是用于教学评价的试题、试卷等资源，还可以是一些用于扩展学习内容范围的文献目录索引。

4. 提高微课质量。微课录制出来后，要组织同教研组成员观摩改进，对微课进行进一步加工和修订，必要时要组织本学科本领域专家或优秀教师进行审核、点评，确保微课的政治性、科学性、规范性、有效性。审核通过后的微课方可通过网络教学云平台进行发布，指导学生开始按照进度进行学习，微课一般应提前一个月准备好。

（三）微课的学科要求

微课因学科不同而要求不同，需要教师根据学科素养和学科特点确定不同的内容，以达到最佳学习效果。按照学科类型大致可以分为以下几类：

1. 人文类课程。人文类课程包括语文、英语、政治、历史、地理等课程，要充分发挥微课直观、形象的特点，通过视频、音频、动画等方式创设学习情境，用微课视频来论述目前发生的事件和对原始文本进行深入的分析解读，或者提前录制好语法课程、聊天话题、阅读作品、创作故事等，这样可腾出宝贵的课堂时间用于学生练习、应用语言、阅读、写练等，让学生学习更深入。

2. 数理类课程。数理类课程包括数学、物理、化学、生物、科学等课程，要充分发挥微课可记忆、可复盘的特点，通过视频、图形、图像、实验等方式进行讲解，也可以和生活实际相结合，帮助学生深入理解复杂的基本概念、基本原理、公式、定理，进行演算、练习和解决实际问题，让学生不只是学习算法，更能深入理解复杂的数学概念，发展计算思维。在课堂上给教师预留出更多时间和机会开展面向过程的引导式探究学习、答疑解惑和进行更深入的科学实验，帮助学生对概念的理解。

3. 艺体类课程。艺体类课程包括音乐、美术、书法、体育、健康等课程，要发挥微课互动化、情境化等特点，通过微课视频、音频、图像等方式给学生讲解技术、动作、技能示范，让学生通过反复学习、模仿、训练，身心、手脑都动起来，达到掌握技术要领的目的，而不是坐着看和听。

二、互动内化

“互动内化”的过程主要在课堂上完成。教师依据教学案的教学设计和课前线上学习大数据统计情况，提前了解学生的学习困难，在课堂上给予对症有效的辅导。课堂上要有大量的时间开展讨论、实验、互动和基于项目的学习活动。课堂讨论可以是在线讨论的起始，也可以是在线讨论的延续和深化。一次成功的课堂讨论、交流，首要的是师生通过信息传递，产生有争论空间、有意义、能发挥学生的创造性思维的问题，然后才能正确引导讨论方向，这有利于发散学生的思维，养成从多角度、全面思考问题的习惯。讨论交流的实施方式可以是多样的，一般是先分学习社区讨论，然后学习社区间交叉讨论，最后教师总结讨论结果，形成自主学习、互助交流、教师点拨、个别辅导、适时练习的活动内化环节，促进知识的吸收建构。需要指出的是，“混合教学模式”重视课堂上师生、生生的互动和交流、合作和探究，因为校园生活的经历、校园文化的熏陶、人与人的合作、重要的思维方法和情感体验都是其他教学方法难以替代的，自主学习所生成的知识和形成的素养、能力也是在线学习无法完成的。但也要清醒地看到“混合教学模式”下的“互动内化”有很大不同，主要体现在以下几方面：

（一）课堂内容的变化

在传统课堂中，教师一直都是知识的传播者，站在三尺讲台向学生传授着经久无变的教学内容，而学生总是被动的接收者，边听边记笔记，在课堂上很少有学生进行讨论并发表观点；而混合教学模式下的课堂，在新的技术手段辅助下，教学内容通过微课在课外传递给学生，那么课堂内就没有必要进行无效的重复，空余出更充分的教学时间，教师可以根据学生课前微课学习过程中反馈的问题，通过设置针对性的学习项目，让学生自主、合作、探究学习，充分讨论，独立解决问题，并有针对性地对学生进行个别指导，让交流、展示、生成在课堂上真实地发生。

（二）师生行为的变化

传统课堂的教师是知识的传授者和灌输者，而“混合教学模式”下的教师更倾向于教学活动的组织者、参与者、引导者和促进者，他们不再仅仅占有知识，而是借助先进的技术，通过设计和组织教学活动，适时向学生提供帮助，让他们自主学习和掌握知识。传统课堂的学生是学习的“容器”，主要是被动接受教师经过加工传递的知识，失去了兴趣和探究的能力，而在“混合教学模式”下的学生，除了教学视频外，更多的是学生和教师、学生和学生之间面对面的互动时间，学生拥有了学习主动性、积极性和创造性，能够按自己的步调自主学习、动态学习、互动学习、探究式和启发式学习，真正成为整个课堂的主角。

（三）教学流程的变化

在传统课堂的教学流程中，知识传授发生在课堂里，学生在课堂上学习新知识要跟着老师的教学步调“齐步走”，课后再通过练习和复习实现知识内化，这种流程把复杂的教学活动割裂成了两段，既违背学生认知规律，也导致教学效果不佳。“混合教学模式”翻转了信息传统、内化吸收的流程，由“先教后学”转变为“先学后教”，教师也由知识的传授者转变为学习任务的安排者、学习的指导者、学生学习困难的帮助者，学生由知识的接受者转变为学习任务的研究者、学习的执行者和知识的探索者。具体表现在：在课前教师要布置好任务，指导学生利用网络环境下的交互式媒体自主学习，及时完成必要的信息传递，课堂中教师可以通过充分组织学生进行研究讨论、合作探究、开展活动来帮助学生学习、掌握和运用新知识与技能，获得解决问题的方法和途径，促使学生实现知识更好的内化。

三、实践外化

“实践外化”的过程主要是通过实践完成。指导和组织学生开展学科拓展、研究性学习、实践活动、学生社团、项目学习等学习活动，将教师的教学行为由课堂上扩展到课堂外，让学生根据自身行动的反馈信息来形成对客观事物的认识和解决实际问题的方案。要创设情境，让学生有多种机会在不同情境下应用他们所学到的知识，充分发挥学生的主动性，主动探索、主动发现，在实践中研究、探究、创新，才能达到学习目的。实践外化要有具体的抓手，针对一个确定的实际问题，才能在兴趣和问题驱动下指导学生主动去发现探索现实世界，培养学生的实践能力与创新精神，形成正确的情感态度价值观。主要通过课堂、线上、课后三个环节配合进行。

（一）在课堂里

由于学生已经在课下进行了视频学习，教师在课堂上就有大量的时间帮助学生把知识运用到实践中，解决日常生活中的问题，从而实现知识的内化。也可以选取符合学生智能特点和感兴趣的项目，加以拓展延伸和研究。

（二）在线上

学生要充分利用互联网技术进行讨论、信息检索和处理、资料共享、成果展示、过程信息记录和评价，要发挥“线上”及时、快捷、共享的优势，组织小组汇报、研讨、研究，并可以在汇报过程中与教师深入交流和讨论，从而得到适当的点拨。

（三）在课后

主要以校本课程、学生社团、实践性学习、研究性学习为载体，在教师指导下按照学习的要求进行调查、数据采集、实地研究等。这是保证实践内化的重要环节，也是促进学生知识建构和迁移的重要手段。

第三节　混合教学模式的评价

测量和评价事关教学的质量和发展方向，传统的线下教学更多是根据教师观察对学生实行定性评价，或者是根据考试成绩对学生进行定量评价，很难实现以改进为目的的精准化、个性化评价，但互联网、大数据和人工智能技术的出现和发展，为测量和评价教学效果提供了科学的工具。“混合教学模式”可以充分利用信息技术的记录、存储、统计与分析功能，能够及时采集汇集学生线上线下学习的历史记录、互动记录、成绩记录、作业质量、考试数据等信息，通过人工智能对采集的大数据进行系统分析，可以比较全面评估学生的学习情况，精准找到学生在知识、能力等方面存在的问题，并有针对性地为教师改进教学、学生改进学习提供科学建议，为精准化个性化评价提供了可能。对教师教学来说，可以根据线上测量评价结果，更加科学地掌握学情，有针对性地设置线下学习项目，科学地给予学生个性化的学习指导和精准的个性辅导；对学生学习来说，通过线上测量评价反馈的结果，及时了解学习的困难所在，更精准地选择解决问题的学习资源，并有针对性地进行线下学习。可见，在信息技术支持下的测量评价能够真正实现从关注成绩到关注学习者的成长、从关注结果到关注过程、从定性评价到定量与定性相结合的科学评价的转变。具体说，“混合教学模式”的测量与评价方式主要有以下几种：

一、课下评价

课下评价是指借助先进的作业评价系统，对学生学习中的练习、作业进行机器批阅，通过人工智能、大数据对标作业要检测巩固的知识点、能力点，自动生成学生学习分析报告的评价。在此基础上，教师可以根据分析报告及时进行教学调整，学生也可以根据分析报告查缺补漏。课下评价的关键在于练习和作业的设计，如果练习和作业命题不科学、设计不规范就会导致作业评价系统测不准。因此，“混合教学模式”要求教师深入研究教材和课标，优化练习和作业设计质量，明确每一次练习和作业中每一道题需要巩固和测量的知识点、能力点。为保障练习和作业设计科学性，需要通过教研组、备课组按单元建立练习和作业资源库，任课教师可以根据教学进展选取资源库中的试题组成作业和试卷，用于学生预习、巩固和复习教学内容的作业和练习。“混合教学模式”在信息技术支持下，可以实现作业和练习题库师生共享，因此，学生也可以在学习过程中根据自己实际情况选取与所学内容相关的试题，及时进行自我评价，从而实现自我控制、自我检测、自我评价、自我改进的自主学习，能够极大激发学习兴趣，提高自主学习效果。

二、云评价

云评价是指在云平台的教学系统中，设置“储存”“反思”“交流”的功能，把体现学生发展和进步的信息记录下来，在学习“档案库”中归类存储，帮助教师了解学生学习表现和学生自我改进的依据的评价办法。云评价的信息数据主要来源于学生在整个学习过程中信息传递、内化吸收、实践外化中产生的一些过程性数据，包括且并不限于学生学习微课内容情况、自测的情况、讨论交流中的发言次数、发言内容、小组协作中贡献的资料、小组协作中组员的评价、提问的问题和次数、解答其他学生或教师提问的次数和回答的质量、作业和练习的完成数量和质量、考试成绩，等等。受教师精力、能力限制，传统教学无法获得这些信息和数据，更无法进行分析评价，但云评价就可以借助先进的信息技术手段，全过程、全链条、不可更改地记录学生在各学科知识学习与运用信息技术解决实际问题过程中的表现和成果，全面评估和分析学生在学科的基础知识、学习的过程与方法、运用信息技术解决实际问题的能力以及相关情感态度与价值观等方面的情况，会极大赋能教学，助力提升质量。

三、考试评价

考试评价是指对学校或上级教学业务部门统一组织、统一时间、统一命题、统一要求的考试，利用先进阅卷系统对学生进行试卷批改，自动生成各种分析数据的评价办法。这种评价办法的关键在于命题的科学性、规范性，否则阅卷系统就会难以识别并可能造成数据分析不科学，这就要求考试命题人把需要考试的内容细目化，明确每一道题要考的目的，并输入阅卷程序，实现“人机”结合，这对命题人和教师的命题能力、专业素养提出了更高要求，也可以避免考试的盲目性和结果的无效性。考试评价结果不再是用成绩评价学生，更重要的是使教师无须投入很大的精力就可以科学地了解前一阶段的教学效果、学生现在的需求和学生对教师教学方面的意见，并根据情况对前面的教学内容做补充以及确定下一步的教学内容。当然，学生可以根据考试分析报告很容易地查找到自己的知识漏洞，并有针对性地进行学习和训练，更加精准地弥补知识和能力的欠缺。

第四节　混合教学模式的保障

“混合教学模式”是基于信息技术和教学融合的一种全新教学方法，它既需要高速的互联网联通，也需要先进的信息技术装备，更需要使用者具有娴熟的技术水平。不同办学条件、不同师资水平、不同发展水平的学校可能对其有不同的理解和实践运用方式，但随着信息技术在中小学的普及和应用，从实践来看，中小学目前的信息技术装备条件和教师应用水平完全可以实施“混合教学模式”。为此，需要做好以下几方面保障：

一、混合教学模式的“硬件”保障

“混合教学模式”需要在信息技术环境中和先进技术装备支持下才能实现，所需的信息技术硬件一般包括设备先进、功能完备和连接互联网的校园网络系统和各类学习场所的交互式多媒体。其中，网络系统建设是“混合教学模式”的技术支撑，就像四通八达的高速公路和铁路，能够联通线下和线上、课内和课外、教师和学生、学校和家庭、现在和未来等，再先进的信息技术设备如果没有互联网的连接，就无法发挥其先进作用，因此，“混合教学模式”首先要接入足够带宽并能满足需要的互联网；交互式多媒体的功能在于“交互”，对于教学来说不应当只是课件展示或者黑板的“翻版”，学校要加大交互式多媒体的应用培训，充分挖掘其功能，需要发挥其教学内容发布、在线教学、课堂交互、教学评价、教学管理等方面的优势，支撑“混合式教学模式”的实施。

二、混合教学模式的“软件”保障

“混合教学模式”的实施还需要先进的教学理念与科学的云计算技术有机结合的教学软件系统，这种系统一般包括教学资源支持系统、教学管理系统、云端教室、教学评测系统、个性化选课系统等五个系统。教学资源支持系统包括优秀教师微课资源、慕课资源、教学课件库、常见问题库、试题库、案例库、素材库、文献资料库等教学资源，不仅要满足教师备课所需要的丰富优质的素材，也要具备支持学生在线课程学习、在线自测、在线资源获取的相应功能；教学管理系统包括以学生、教师基础库信息库和能对学生成绩、试卷分析、在线练习、综合素质、学习过程、学科讨论等信息进行采集、计算、分析的有效管理，为学生自我认知学习情况、教师掌握学生学习情况提供依据；云端教室包括以云端资源素材为基础满足教师进行模块式备课系统，能够支持教师发布微课资源和学生在线学习，能够支持教师课堂教学；教学评测系统包括智能答疑、在线讨论、在线练习系统，能够支持师生、生生的教学交互，并能做出评价和数据分析，支持学生分析自己知识掌握情况和教师宏观掌握学生整体学习情况、微观掌握学生个性学习情况，进而针对性提供辅导；个性化选课系统包括学生分类选修课程和分层次选修课程，支持学生根据课程设置选择个性化课程，支持对学生选课情况统计和课程效果评价。

三、混合教学模式的“应用”保障

传统的课堂教学一般存在形式固化、内容单一、效率不高等诸多弊端，而“混合教学模式”可以在网络环境下发挥扩展教育教学资源、延伸学习场所、灵活掌握学习时间、根据学习程度确定学习内容等优势，在很大程度上弥补了传统课堂教学的弊端和不足，但“混合教学模式”作为一种新的教与学的模式，要想用好还需要做好以下工作：首先，要做好应用者相关培训。“混合教学模式”需要教师、学生、家长共同参与，这对于教师、学生、家长都是一种挑战，因此在实施之前，一定要先对相关教师、学生、家长进行培训，既要说明其必要性、重要性，鼓励他们尝试用新方法来学习，也要培训教师和学生、家长尝试学习新技术，能够娴熟掌握并使用“混合教学模式”所需要的信息技术和设施设备，还要能够排除技术障碍、创设教学和学习情境、提供丰富资源、提供交流协作探索和发现机会、提供计算与数据处理办法、提供练习与反馈内容、提供个别指导和评价。让信息技术真正成为教师教学和学生学习的工具，为提高教学效率奠定基础。其次，要明确教学和学习任务。“混合教学模式”对学生自主学习能力、学习习惯都是挑战，教师要发挥主导作用，指导好学生线上和线下学习。其中最为关键的是按照“教学案”的教学设计要求，把教学内容转化为问题系统和训练系统，在教学中明晰准确地下达学习任务，并提前将教学内容加工成微课并发布在教学平台上，给学生学习搭建“支架”，让学习更加具有指向性。最后，要及时反馈学习情况。“混合教学模式”要充分利用先进的教学评估系统，及时汇集和分析学生在线学习的情况，回答学生疑问，整理共性和个性问题，选择教学平台上的热门议题，通过网络互动回答或者通过在课堂上讨论有针对性地加以解决，要及时反馈学生在线学习情况，表扬优秀学生并与学生进行情感互动。

总之，混合教学模式并不是替代传统教学，而是把传统教学的优势和交互式媒体教学的优势结合起来。形成课堂外是在线自主学习、自我提升和培养学习习惯的空间，课堂内是师生互动、情感交流和深度探索的场所的教学新样态，构建在信息技术环境下有效可行的教学方法体系，从而获得更理想的教学效果，提升课堂教学质量。

第四章　高质量教学合作学习策略

高质量课堂教学是落实立德树人根本任务的主阵地，随着新课标新课程的逐步实施，中小学校都在积极探索与其相适应的“合作学习”方式，力求提高课堂教学效率。“合作学习”是建立在“自主学习”基础上的一种新的学习组织方式。“自主学习”强调学生独立、主动、自我负责的学习，“合作学习”指学生在自主学习的基础上，围绕学习任务进行的一种更高级的团队互助式“自主”学习方式，是学生学会交往、学会合作，培养团队精神和竞争意识的重要途径。但在实践中，一些教师由于存在对“合作学习”的理解和组织方法上的一些偏差，背离了“合作”的初衷。主要表现在：有的在学生没有形成良好的学习习惯和与之相适应的教学方式的情况下，盲目改变座位编排形式，影响了课堂秩序和教学任务的完成；有的在教学没有进行科学预设的教学环节和与之相适应的路径情况下，随意合作，影响合作学习效果；有的在课堂缺乏必要而充分的时间保障和提出有讨论价值问题情况下，盲目合作，学生难以深思熟虑，很少触及实质性问题，学生实际获得不多；有的在教师教学行为和学生学习行为没有转变的情况下，茫然合作，教师游离于合作学习之外，学生处于盲从境地，全员参与性严重不够，无法生成生动有益的课堂；有的在相适应的评价机制和合作评价方法没有建立的情况下，仍然以教师评价为主，大多指向单一的个体，缺乏对合作学习组织的整体评价和对组织内自评和组织间互评的方法技术。基于这些问题，高质量教学探索建立起一种新的合作学习组织方式，即“学习社区”。

“学习社区”的科学内涵是以传统班级授课为基础，以学习社区为单元，以合作学习为方法，以学生发展为目的，以培养核心素养和学习能力为基本价值取向的学习组织方式。“学习社区”实施中强调在学生自主学习的基础上，发挥合作学习的优势，教师要指导“学习社区”按照学生“最近发展区”进行组建，帮助“学习社区”制订计划，确立目标意识；组织、指导学生学习，引导学生进行自我检查和反省；进行有效组织和调控，让学生体验、参与、合作，培养其自学能力；要关注学生的自我定向、自我监控、自我调节和自我评价。实践证明，“学习社区”是落实合作学习重要的抓手，符合教育规律和学生身心发展规律，有利于学生自主合作、探究学习，有利于培养学生学习能力和实践创新能力，有利于大面积提高教学质量。

第一节　学习社区的重要意义

一、有利于激发学生学习积极性

每一个孩子都是鲜活的生命，每一个人都是不一样的，但在传统班级授课模式下采用一样的教学内容、一样的教学进度、一样的教学方式，导致很多学生的学习只是被动地接受。他们要么跟不上教师教学的节奏，对教师讲授的内容一知半解；要么有疑问和困惑不敢质疑，不敢也没有机会讲出自己的想法；要么缺少好的方法和学习上的帮助，遇到困难和问题时孤立无援等。长此以往，就导致一些学生学习问题越积越多，学习困难越来越大，逐渐失去学习的乐趣，有的甚至放弃学习。“学习社区”要求把不同性格、不同禀赋、不同学业水平的孩子组建成学习团队，通过建立每天总结评比、每周考核表扬、每月评定星级社区、每期表彰优秀社区的团队考核评价机制，能够激发学生集体荣誉感、唤醒学生学习潜能，满足学生期盼得到肯定的积极心理，能够促进学生相互带动、相互鼓励、相互帮助，形成共同钻研探讨、共同进步提高的合作学习氛围和良性竞争态势。

二、有利于提高课堂教学效率

传统课堂教学中，因课堂时间有限，无法实现人人发言，教师也很难关注到每一个孩子，一些个性问题也难以得到深度解决，难以实现“因材施教”。“学习社区”要求把教学班划分为一个个学习“细胞”，通过建立“个人独立思考、社区内成员研讨、社区间交流、教师点拨”的教学流程，较好地解决了“因材施教”问题。同时，“学习社区”要求学生在学习时首先要进行自主学习、独立思考，在此基础上，以问题为导向，通过社区内部人人发言、交流、研讨和社区间的讨论、辩论、争执，在互动中生成新的知识、在交流中探求真理，教师最后可以根据学习情况及时进行点拨，对正确合理的给予肯定，对错误片面的给予指正，对学生想不通的知识层、议不透的知识点进行引导和精讲，有利于把课堂真正变成学生舞台，让学生从“观众”变成“演员”，教师由“演员”变成“导演”，既能关注每一个学生，调动学生积极思考，又能凝聚同伴的力量和集体智慧；既强调个人自主学习和独立思考，又能让社区内成员、社区之间充分交流，大大提升教学和学习效率。

三、有利于促进学生合作能力发展

人是各种社会关系的总和，任何人在这个世界上都不是孤立存在的，都要和周围的人发生各种各样的关系。从社会发展的历程看，合作是一切人类活动的核心所在，是人的本质力量发展的最高表现，有了合作，才有了人对现实的不断超越；从人的生命发展的历程看，合作是人的最有价值的生命活动形式，它推动着人从现有的生命水平向着更高的生命水平不断发展、不断超越。总之，不论从事什么职业，也不论何时何地，人都离不开与别人的合作。随着经济社会的高速发展，现代科学技术发展也开始呈现互相渗透、交叉、综合的发展态势，每个重大发现和重大进步都必然要通过多学科、多领域合作才能完成，从这个意义上来说，合作精神和合作能力是未来社会优秀人才必备的基本素质和不可或缺的高级能力。近年来，在“唯分数”“唯升学”的片面教育观的驱使下，学生学习重竞争轻合作、重个人轻团队、重自我轻交流，缺失合作精神和合作能力。“学习社区”以学生为主体，通过团队自主组建、成员自主选择、规范自主约定、管理自主运行、目标自主确定，把发展水平相近、性格禀赋趋同的学生聚合在一起，形成有共同价值追求、共同行为规范、关系密切、相互信赖的团队，在学习中彼此产生思想碰撞、相互帮助激励、共同研究学习、共享学习成果，让不同的认知结构和思维方式通过情感互动、行为互动和思维互动产生融合，使学生在获取新知识的同时，建构新的认知结构，形成良好的人际关系，提升合作能力、提高学习效率，促进学生主动提高、全面发展。

第二节　学习社区的组建方法

学习社区不是班级管理组织，是一个基于合作的学习型组织，其组建方法不同于班级组织，需要按照合作学习的特征，坚持民主化、科学化的原则，根据学生的学习水平、学习兴趣、特长、性格等，掌握其组建办法。这是发挥“学习社区”作用，落实合作学习任务，提高自主学习质量的前提。

一、科学实施学习社区管理

（一）学习社区实行扁平化管理

学习社区要按照“最近发展区”理论，坚持以学生为中心，以学习为抓手，把班级管理的指挥所前移，管理重心下移，将班主任的一些管理职能赋予学习社区，实现其自主管理、自主发展。同时，要注意处理好和班级管理组织的关系，既要发挥原有班级组织的作用，又要厘清学习社区管理脉络，避免管理层次过多，职责交叉，影响学习社区作用的发挥。要逐渐把班级管理和活动纳入学习社区管理之中，实行团队化管理、团队化考核，把学习社区演变成一个微型班级或班级管理的一个生命单元，实现班级管理的便捷化、科学化。

（二）学习社区负责人以民主方式产生

学习社区负责人按照价值观正确、组织纪律性强、品德优良、工作认真负责、能以身作则等标准，通过自荐、推荐、选举、竞聘等民主的方式产生。当然，也可以由班委、课代表来兼任，这样做既可以避免班级管理中因层次设置过多而使工作不畅或信息反馈慢，还有利于树立班干部队伍的形象和更高的威信，工作起来更顺手。

（三）学习社区成员实行分工负责制

学习社区实行自我管理，每个人都是学习的主人，每个人都应承担管理的责任，履行被管理义务。学习社区负责人可以根据工作实际，给每个成员分配一项具体管理工作，比如：学习活动组织者、课堂纪律维持者、作业收交者、学习任务检查者、讨论过程记录者、学习成果汇报者、考核材料管理者等，形成既有合作，又有分工；既有个人力量，又有集体智慧的良性合作文化。

二、均衡配置学习社区成员

学习社区具有学习互助组织的功能，其成员不能由教师随意指定或任由学生自我结合，也不能简单按照座位和成绩进行划分，要按照班级学生性别、学习水平、性格差异均衡配置，这样不仅能实现不同个体性格的互补，发挥互帮互助作用，又能保障每一个学习社区的均衡发展，便于在课堂教学中开展讨论、交流等学习活动，还有利于落实各项学习任务和公平进行考核评价。

（一）成员选择的原则

学习社区要按照“异质均衡”的原则组建，成员为4—6人较为合适。所谓“异质均衡”就是要根据学生学习水平、性别、性格、能力等方面差异合理进行组合，在学习社区内基本实现异质互补，支持彼此取长补短，更好实现同伴互助；在学习社区间大致实现公平均衡，支持彼此开展学习竞赛，更好体现合作共赢，互学共鉴。

（二）成员选择的程序

学习社区成员要按照“双向选择”的程序产生。所谓“双向选择”就是指学习社区负责人可以按照班级规定的原则、程序自主选择成员，成员也可以根据兴趣、爱好自主选择社区。落选的成员要由教师做好思想工作，并按照程序给学生观察、改进、重新选择的机会。

（三）成员选择的办法

学习社区组建时要先把学生按照性别分成男女生两组，然后按照学习水平排序，再根据班级学习社区数量均衡形成学习社区团组，最后要根据学生性格禀赋对等进行微调，原则上保证每个学习社区之间男女生数量、学习水平、能力素质大致旗鼓相当。在完成上述工作后，可以由“学习社区负责人”抽签选择团组，如果有调整的可以由学生协商解决，支持学习社区负责人在相对均衡的基础上尽可能地选择和自己有共同兴趣爱好、有一技之长和想一起合作的伙伴进入学习社区。

三、明确赋予学习社区职责

在学习社区的运行中，要坚持共同协商的原则，明确学习社区负责人的权利和职责，并要在班级管理中予以保障，便于落实班主任和任课教师布置的学习任务，组织社区成员开展学习活动，提高学习的效果和效率。

（一）学习社区拥有人事权

在社区成员都赞同的情况下，可以对缺乏责任感、进取心，经过长期帮助教育尚不能认真从事学习活动和不遵守本社区学习承诺的成员实行动态管理，对调整出本社区的成员，可以由班主任直接管理，待转变后可以重回社区。

（二）学习社区拥有组织权

社区内每个成员都是学习的主人，都需根据班主任和任课教师布置的学习任务，负责预习、笔记、作业检查督促和课堂上组织讨论、交流发言、口头汇报以及社区学习资料管理、考核评价等职责。成员要按照分工，各司其职、各负其责，节时高效完成各种学习活动。

（三）学习社区拥有评价权

社区内可设计《“学习社区”活动记录表》，对成员课前预习、课堂发言、作业完成、互动交流等学习情况进行记录和汇总，对在学习过程中表现优秀的成员定期进行总结表彰。建立《“学习社区”家校联系单》，每周把成员在学习中的真实表现、教师的鉴定评价和家庭作业等情况及时反馈给家长，帮助家长了解学生在校学习情况，配合班主任和任课教师共同督促成员学习。

（四）学习社区拥有座位安排权

学习社区可以改变“排排坐”等传统座位编排办法，建立“马蹄形”“团团坐”等异性座位设置。支持社区成员自主选择座位或根据约定进行“推磨式”循环，支持社区间定期进行座位大循环，使座位分配公平有序，更加有利于讨论、合作学习或其他学习任务的完成。

第三节　学习社区的运行机制

学习社区组建后，教师要创设基于学习社区的合作学习场景，不断提高自己教学的主动性、问题性、实践性、开放性、生成性和创造性，指导学生通过合作学习的方式获取知识，并在这个过程中学会科学的方法和技能、科学的思维方式，形成科学观点和科学精神；要有意识教给学生必备的合作技能，引导学生掌握的基本方法，随时注意学生的动向，把握合作交流学习的契机；要逐步完善评价机制，丰富评价手段，增强评价的有效性。

一、做好学习社区教育

“学习社区”运行要从思想教育入手，注重认识统一、行动一致、学习协同。实践中，“学习社区”探索建立了“心灵套餐”的教育制度，基本能够做到思想教育制度化、常态化、长期化，通过周周讲、天天讲、时时讲的“磨耳朵”教育，激发学生高昂斗志，引导学生及时反思，改进课堂学习行为，形成良好学习习惯，真正做到知行合一，入心入脑入行。“心灵套餐”包括心灵早餐、心灵加餐、心灵盘点。

（一）供应好“心灵早餐”

“心灵早餐”是指利用每天上午上课前的时间对学生进行提醒，开展励志教育的一种方式。“心灵早餐”可以由“学习社区”轮流主持进行，主要内容有新闻发布、励志文章、激情演讲、口号宣誓等，目的在于激发学生昂扬的斗志，培养学生奋斗精神，唤醒学生内在动力，伴随朝阳开启新一天的学习生活。

（二）做好“心灵加餐”

“心灵加餐”是指利用每天课间操后的时间对学生进行引导，开展激励教育的一种方式。“心灵加餐”可以由班主任或“学习社区”负责人主持进行，主要内容是对社区及社区成员个人过去一天学习表现进行点评，表扬先进，鼓励进步，从小事入手推动新的进步，铺就向上的阶梯。

（三）及时“心灵盘点”

“心灵盘点”是指利用每天放学前最后一节课时间对学生进行帮扶，开展反思教育的一种方式。“心灵盘点”可以由“学习社区”自主组织，主要内容是回顾自己当天学习生活，肯定自我进步的地方，反思不足和不满意的地方，引导明确第二天新的目标，让学生在反思中不断改进行为，形成习惯，汲取动力，做到每天进步一小步，每月前进一大步，每期养成一个好习惯。

二、形成学习社区文化

“学习社区”作为学习型组织，要坚持正确的价值追求，形成共同发展愿景，以文化的力量激励人、凝聚人、唤醒人。

（一）制定发展目标

“学习社区”要发挥“共享”的优势，通过成员共同协商，制定好本“学习社区”长期和近期发展目标，召唤和凝聚成员为目标而奋斗。同时，每一个成员也要制定切实可行的长期和近期的奋斗目标，并在社区其他同伴监督下，积极落实，激发个人的潜能。

（二）制定文化标识

“学习社区”要发挥“共商”的集体智慧，制定体现本“学习社区”特质的名称、徽标、口号、格言等标识并制作个性化标志牌。在课堂讨论环节采取举牌发言的制度，谁先举牌谁就有优先发言权，这样既有利于上课教师区分社区，又有利于调动社区发言积极性，还便于在课堂上对不同社区进行评价。

（三）完善规章制度

“学习社区”要发挥共治的力量，针对本“学习社区”存在的突出问题，在协商一致的基础上自主制定规章制度，形成成员共同认可并必须遵守的行为公约、学习规范，在长期学习和训练中规范学习行为，凝聚团队意识。对违反社区规定的同学可以通过召开社区帮教会议，从学习成绩、同学关系、小区荣誉、班级建设等方面深入细致做好谈心、帮助工作，必要时还可由班主任找其谈心，促其改变。

三、进行学习社区反思

学习社区要建立“同伴互助式”的日总结、周反思制度，逐步培养学生自我负责意识，树立集体责任感，培养良好行为习惯和学习习惯。

（一）制定周反思记录本

班级统一印制《“学习社区”周反思记录本》，每社区一本。要在封皮上标注社区名称、社区徽标和奋斗目标、励志口号等，在每一个记录页面上标注周次、日期，主要内容有社区周取得成绩和进步、成员本周表现评价、存在不足和原因、下周努力目标和举措等。《“学习社区”周反思记录本》是对学习社区评价和学生评价的重要过程性资料。

（二）组织自我检视反思会

班级要统一时间组织“学习社区”检视反思会，要求社区成员人人要发言。发言内容是对个人和同伴上一周的表现进行反思和评述，对新一周自己的打算和奋斗目标进行表态发言，在讨论交流的基础上形成书面的分析意见并记载在记录本上。

（三）落实反思改进效果

班级在下次开反思会时，要求每个社区成员要对照上次个人检视反思结果，看看自己以前出现的问题纠正了没有，自己表态的打算实现了没有，在此基础上，诚恳地接受同伴批评和帮助。通过不断强化集体监督和帮扶的力量，形成无形的自我制约和有效的同伴监督机制，促进学生自我控制意识形成，有效矫正学生不良行为。

四、完善学习社区激励

“学习社区”激励是以团队进步为目标，以“学习社区”及成员学习过程、学习行为、学习效果为依据，通过科学诊断，及时调节和激励社区之间开展学习竞赛和成员不断进步的考核评价办法。

（一）完善团队考核评价机制

班级要建立《“学习社区”考核评价制度》，通过对“学习社区”成员学习任务完成情况、社区讨论情况、上课发言情况、社区成绩进步情况、成员帮扶情况对“学习社区”进行评价，引导“学习社区”发挥团队帮扶和同伴互助作用，认真督促成员完成各学科背诵、预习、阅读、作业等学习任务，组织好社区内查，指导每一个成员提高学习质量。

（二）建立学习任务考核反馈单

班级要统一印制《“学习社区”学习任务反馈单》，在封皮上标注班级、社区名称、负责人、日期，在每一页反馈单上填写成员姓名、学习任务、完成情况、质量评价。反馈单是任课教师了解和掌握学生学习状况的重要渠道，能够更直接更快捷掌握课程布置的学科任务落实情况，为改进教学提供真实依据。

（三）教师及时督促改进

任课教师要及时关注“学习社区”考核情况，亲自检验学习任务的完成质量，对积极研讨、敢于发言、完成学习任务好、进步大的学生要进行口头表扬，对交流不积极、发言不大胆、表现待提高的学生，要采取合适的方式做好思想工作和必要的指导帮助。

（四）建立总结表彰激励制度

“学习社区”坚持每周对成员进行总结评比，班级要坚持每周对学习社区进行考核表扬，年级要坚持每月评定星级小区，学校要坚持每期评选“优秀学习社区”。通过层层表彰激励，激发学习社区成员的荣誉感、自豪感，形成组内相互合作、组间良性竞争、全班共同进步的发展态势。

第四节　学习社区的保障措施

一、提升学生合作学习能力

（一）加强合作学习的有效性

“学习社区”的本质在于“合作”，这就要求学生在课堂上要积极开展学区内成员之间、学区之间、教师和学生之间合作学习和进行充分的交流互动，以达到情感、行为、思维提升。“学习社区”注重精心备课，教师在教学设计时要预设好学生可能质疑、需要合作讨论的问题，善于提出学生通过自学和思考找不到答案、独自难以解决的问题，调动学生合作学习的积极性和学习兴趣。对学生自学能解决的问题、教材里面有答案的问题则不需要互动交流，要避免形式花样繁多，看着热闹实际低效的课堂互动模式，也要避免没有价值、没有意义的提问和互动交流，确保在课堂上激发合作学习的兴趣和主动性，让学生保持积极思维。

（二）提高合作学习的生成性

学生学习的过程是一个自我建构的过程，课堂提问是学习的起点。学生在学习中也会碰撞生成新的问题，课堂教学就是在解决这些问题的过程中形成学生重要的思考、质疑、聚合、发散、创新等思维能力。“学习社区”要求教师在课堂教学时，改变封闭的教学方法，秉持开放的态度，坚持和社会实践、生产劳动、国内外形势相结合，创设真实情景，多设置开放性问题并能够层层深入形成问题链条，促使学生在解决问题的过程中主动进行有意义的知识建构。特别是在思维活跃的课堂上，学生会生成一些教师预设之外的问题，这往往是学习中具有重要价值的地方，教师要尊重这些问题，而不是一笔带过或者忽略不计，应该引导学生通过合作、讨论去解决问题，实现学生终身学习和发展所需的必备品格和关键能力。

（三）提高合作学习的主动性

合作学习的效果取决于学生的主观能动性能否调动起来，无论什么样的学习组织方式，如果学生没有合作交流的意愿，最终都难以达到预期目的。“学习社区”要求教师要对学生进行有目的的教育、引导和训练，使学生认识到合作学习方式的重要性和必要性，提升交流、互动意识，克服个人封闭、害羞、不愿意沟通等性格弱点和不善表达、不会交流的能力缺陷，学会倾听、分享、接纳他人的信息和观点，善于把自己想法表达出来，敢于提出问题并能够质疑和辩论；要求教师注重培养学生正确的价值观，树立团队荣誉意识和集体主义观念，引导学生认同“学习社区”共同奋斗目标和价值取向，模范遵守“学习社区”的各种制度和规范，能够尊重、理解、包容他人不同观点；要求教师注重培养学生责任担当意识，引导学生主动完成自己的学习任务并积极承担学习社区分配的管理事务，善于通过协商解决团队中的矛盾和问题。

二、提高教师合作教学能力

（一）发挥教师主导作用

“学习社区”是一种学习组织方式变革，强调以学生为中心，但也强调要充分发挥教师的指导、组织和支持的作用。教师要指导“学习社区”按照组建的原则、程序，均衡配置好社区负责人和社区成员，创设鼓励学生合作、交流、互动、质疑的制度和氛围，提供适合于合作交流的教室环境、学习环境和技术支持，建立“学习社区”同伴互助、合作学习、交流互动的考核管理机制，处理好社区内部成员之间、社区之间、师生之间、学科之间的矛盾，提供激发学生内生动力的方法，促进学生在掌握知识、思想、方法之后，逐渐地形成学习素养。

（二）改进教学流程

科学研究表明，借助教师和学习伙伴帮助的学习效果最好。“学习社区”要求教师要深入挖掘自己学科的知识、结构、方法，科学系统进行教学设计，在课堂上明确学习任务和目标，指导学生完成学习任务和实现目标的思路和方法，引导学生在自主学习和独立思考的基础上，先在学区内提出问题、做出假设、搜集和处理信息、展开互动讨论，初步解决问题，再在班级进行表达交流、得出结论，最后教师再根据学习讨论情况进行指导和点拨。在这个过程中，教师要进行有效的组织、科学调控实施过程、及时对学生和社区的表现反馈评价，确保知识体系、教学内容的系统性、完整性，避免因片面追求学习交流、互动讨论的效果而割裂知识体系，使教学内容“碎片化”。

（三）转变教师角色

学习面前人人平等。“学习社区”较好地贯彻了学习面前师生平等、生生平等的现代教育理念，改变了“一讲众听”的教学格局，会倒逼教师由关注自己的“教”转向关注学生的“学”，从关注学生学“知识”转向关注培养学生的“情感”，从关注“考试分数”转向关注形成学生“行为”。社区内的学生之间的合作学习过程实际就是“兵教兵”的同伴互助过程，教师的点拨和师生互动则是“将教兵”“兵教将”的共同学习过程。在这样的课堂上，教师不再是学术“权威”，而是学生学习的引导者和合作学习的平等参与者；学生不再是课堂的观众，而是课堂真正的主人。

三、提高弱势群体的帮扶能力

“学习社区”成员要求均衡配置，但在实践中，不少社区都希望选择品学兼优、能力突出、表现较好的同学加入自己的团队，期望达到互相促进、共同进步的目的，因此，会有同学因各种原因落选或者在“学习社区”内被边缘化。教师要高度重视弱势群体的问题，做好落选学生帮扶工作。

（一）做好落选同学思想工作

当学生因表现或成绩落选后，会产生较大思想压力，这是一个很好的教育契机。教师要积极引导学生反思自己不足，指导其积极改进，珍惜加入“学习社区”学习的机会，提高自信，激发动力，不能让他们产生落魄感，或是自暴自弃、不思进取的不良心理。要做好“学习社区”成员工作，教育学生用积极发展的眼光全面看待他人，善于发现他人的优点和长处，多给落选同学机会并积极帮助他们。经过做工作，仍然落选的学生，可以由班主任直接管理，选择优秀同学、团队干部进行一对一帮助教育，也可以把这些落选同学组合成“特别学习社区”，由班主任或其他任课教师担任负责人，给予他们更多的重视和督导，帮助他们组织好学习活动，落实好该学科学习任务。

（二）给予落选学生进步机会

落选同学经过他人帮扶、个人反思，愿意重新加入“学习社区”的，可以按照程序进行申请。首先，要找班主任老师谈认识、谈打算，取得班主任同意。其次，要根据实际，写出申请书，可以申请回原社区或是到自认为更适合自己的社区，申请书上要有自己的深刻认识、今后打算和向社区同学的承诺。最后，要把申请提交给拟加入的社区负责人，经成员集体讨论通过后方可接纳，对于重新加入社区的成员要设置进入观察期；如果社区大多数成员不同意接纳的，申请人可以再申请去其他社区，或者继续努力改进，在取得可见进步后再次申请加入。

（三）学习社区定期动态调整

“学习社区”组建后，经过一段时间的运转，各社区的发展会存在不均衡的情况，有个别社区会显得薄弱，甚至长期处于落后状态。班主任要与任课教师多沟通，详细了解学习社区成员的学习、表现情况，听取各方面意见，根据学习社区发展实际情况，每半学期对学习社区做一次微调，让学生能见到更多不同性格的同学，和更多的同学有合作学习的机会，在班级中能结识更多朋友。

四、提高家校合作育人能力

（一）搭建家校合作育人平台

“学习社区”强调要发挥家长作用，注重运用教育信息技术，搭建家校社沟通渠道。班级要以“学习社区”为单元建立家校微信互动平台或者通过智慧校园建立家校沟通平台。平台上有班主任、任课教师、学生、家长。平台发布的内容是每天学习任务反馈单、每周反思总结、考核评价结果、社区活动等内容，支持家校、师生、同学间开展思想交流、学习答疑等互动交流活动，从而把老师、家长、学生紧密联系起来，及时配合指导学生学习和开展教育。

（二）丰富家校合作育人内容

“学习社区”需要教师通过家长学校、家长会、家访等渠道，讲清合作学习的目的和意义，了解社区的运行和管理，介绍评价和考核办法，明确家校的责任和任务等，帮助家长转变教育观念，掌握科学教育方法，谋得家长对学习方式变革的支持、理解和配合。每两周可以结合考核评价给学生家长转达一份家校反馈单，上面除了有学生考核情况、教师寄语等内容外，还要有社区成员在学习活动中的表现鉴定评价，帮助家长了解学生这段时间学习情况，了解班级、社区日常动态，配合班级做好学生学习指导工作，提高了家校合作育人的针对性和时效性。

（三）拓宽家校合作育人渠道

“学习社区”要求教师要善于打通家校之间的教育壁垒，形成家校共育的价值追求。要组织社区积极创设贴近学生生活的教育情境，大力开展家校合作的实践体验活动，让学生关注时代发展、树立理想信念、培养奋斗精神、树立家国情怀、涵养道德品质；要开展家长开放日活动，让家长走进班级、走进课堂，和学生一起学习、生活，参与到“学习社区”建设之中，配合班级支持、鼓励学生自主学习、思辨质疑、互帮互助，培养学生提出问题和解决问题的探究、实践和创新能力，促使学生获得有价值的收获和成长。

时代在发展，社会在进步，无论什么样的教学方法都离不开学习方式的变革。实践证明，基于合作的“学习社区”能够促进学生学习方式和教师教学方式的优化升级，促使学生由被动学习到主动学习，由学知识到学能力，由追求分数到追求价值，不断提升教育教学质量。

第五章　高质量教学课程建设策略

课程与教学是学校育人的核心载体，是教育教学规律和人才成长规律的集中反映，体现和凝聚着人类文明精华，体现着国家意志和人民期盼，是全面落实立德树人根本任务，实现“为党育人、为国育才”的基本遵循和重要载体，高质量教学要建立在高质量的课程上。2017 年和 2022 年，新修订的普通高中课程方案和 14 个学科课程标准、义务教育课程方案和 16 个学科课程标准分别颁布实施，标志着基础教育课程改革进入新的阶段，必将触动中小学教育教学观念，推动教育教学行为发生较大转变，必将对我国基础教育的人才培养产生前所未有的深远影响。中小学要积极适应新课程、新课标的新变化，不断探索和完善学校课程建设，努力构建德智体美劳全面发展的教育体系，形成更高水平的人才培养体系。

中小学校课程建设要与国家课程改革同步，从课程目标、课程结构、课程内容、课程实施、课程评价和课程管理方面把握学校课程建设方向。在长期实践中，我们基于对新时代课程与教学理论的重构与认知，探索建立了“一核、四层、五域”的多维立体的课程体系，在培养学生核心素养、拓宽学生成长途径、创新人才培养方式、提升教学质量、实现学校多样化特色化发展、促使师生共同成长等方面发挥了重要作用。

第一节　课程建设的意义

一、有利于落实立德树人根本任务

20 世纪末至 21 世纪初，随着信息化的迅猛发展，社会对人才的需求发生了巨大变化，国民素质已成为国家未来的核心竞争力，世界各国特别是发达国家都把教育改革作为确保国家竞争力的重要途径。在一定程度上讲，课程与教学的变革竞争是未来教育竞争的重要领域，是人才竞争的重要基础。基础教育课程改革从 2001 年启动，到 2012 年基本完成两轮改革试验，在此基础上国家提出了进一步深化课程改革的思路，2014 年教育部出台《关于全面深化课程改革落实立德树人根本任务的意见》，进一步提出推动课程目标、课程评价、课程内容和课程实施改革的新举措。近年来，我国出台了一系列文件政策，内容涉及教育教学制度、育人方式、中高考招生考试制度等各个方面，对中小学全面贯彻党的教育方针，完善立德树人体制机制，发展素质教育，引领课程改革导向具有重大而深远的意义。中小学课程建设要根据国家的要求，响应教育变化，积极贯彻落实“立德树人”的根本任务，积极进行课程改革，为全面提高育人质量奠定坚实的基础。学校课程建设中的“立德”

是指所有课程都要培养学生正确的世界观、价值观、人生观和良好的道德品质，即养成积极健康的行为习惯与生活方式，珍爱生命，强健体魄；具有自尊自信自爱、坚韧乐观、奋发向上的积极的心理品质；具有发现、鉴赏、创造美的能力和健康的审美情趣；学会独立生活，热爱劳动，具有奋斗精神、责任担当和社会适应能力。学校课程建设中的“树人”是指所有课程都要培养学生的家国情怀、国际视野、健康身心，具有报效祖国的知识和能力，即养成正确认识自我，具备自我管理情绪和抗挫抗压能力；养成文明礼貌、诚信友善、尊重他人、与人和谐相处，具有交流与交往能力；养成团队精神，具备全球化时代所需要的组织活动、自主发展和沟通合作能力。

二、有利于培养学生核心素养

21 世纪以来，“核心素养”成为全球范围内教育政策、教育研究、教育实践的重要内容。在教育实践中，各国都把核心素养框架融入课程目标，以新的课程改革推进核心素养的落地。我国自 2014 年开始从学生发展目标及培养实施等层面提出了新要求，2016 年教育部委托课题组发布《中国学生发展核心素养体系研究报告》，明确学生应具备的适应终身发展和社会发展需要的必备品格和关键能力，突出强调要培养学生良好政治素质、道德品质和科学思想方法的核心价值；更加注重培养学生在面对生活实践或学习探索情境中的问题时，能够在正确的思想价值观念指导下，合理运用科学的思维方法，有效地组织整合学科的相关知识，调动运用学科的相关能力和认识问题、分析问题、解决问题的综合品质；更加注重培养学生支撑终身发展、适应时代要求的认知能力、合作能力、创新能力、职业能力等关键能力；更加注重培养学生在实践中有效地认识问题、分析问题、解决问题所必须具备的学科知识。修订后的普通高中和义务教育课程方案、课程标准，课程结构、体系呈现形式都出现了新变化，从课程目标到课程内容再到学业质量要求均有重大变化和突破，体现了超越基础知识和基本技能培育学生核心素养、超越功利的“成绩和升学”促进学生长远发展和终身学习的课程目的。核心素养视域下的学校课程建设要在课程目标、课程内容、学业质量要求等方面适应这一系列变化，在课程目标设定上要体现核心素养要求，在课程内容选择上要能支撑核心素养目标实现，在课程实施上要设计有助于素养目标内化的具有挑战性的活动与任务，在课程评价上要能够满足判断学生学习效果、引导教师和学生进行反思的评价，从而把核心素养的培养要求和科学的人才培养模式结合起来，并贯穿课程教学全过程。

三、有利于创新人才培养模式

进入新时代，我国基础教育已经迈入全面提高质量的新阶段。新的中高考制度，形成了基于学科素养导向考查课程的导向，这就要求我们更加关注学生个性化、多样化的学习和发展，进一步优化课程设计、更新课程内容、强化课程实施、创新教学组织管理，全面实施新课程新教材，深化课堂改革和优化教学管理，加强学生发展指导，从而满足学生不同发展需要。学校课程建设要改变“生产化、流水线”式课程教学模式，根据学生身心发展规律、教育规律和个性发展需求，打通国家、地方、学校课程，融合学科、活动、实践课程，按照学生基础分层整合资源，建立分类分层分领域课程体系；通过学段纵向贯通、课程横向联合，开发适合不同学生需求的课程，既面向全体学生，又因材施教；既全面培养，又满足学生个性发展需要，帮助学生树立正确的理想信念、正确处理个人兴趣特长和国家社会需要的关系，提高选科选考和未来发展方向的自主选择能力；通过课程建设，实现基础课程高质量发展、拓展课程多维度供给、特长课程专业化培养、创新课程精准化突破，促进学生全面而有个性地发展。

四、有利于开展高质量教学

进入21世纪，以1999年我国第三次全国教育工作会议出台的《中共中央　国务院关于深化教育改革全面推进素质教育的决定》和教育部2001年出台的《基础教育课程改革纲要（试行）》为标志，我国基础教育开始逐步改变片面追求升学率、片面关注学科知识的应试教育倾向，中小学开始探索并实践三级课程，增强了选修课的地位，实现以素质教育为目标的教育实践转型，但这一阶段课程层级和分类尚不明晰，课程对于学生分层和个性培养的作用没有得到发挥，学生需求还没能得到充分满足。进入新时代，以2010年《国家中长期教育改革和发展规划纲要（2010—2020）》和2014年教育部出台的《关于全面深化课程改革落实立德树人根本任务的意见》为标志，我国基础教育深入贯彻立德树人的根本任务，围绕中国学生发展核心素养开始整合三级课程，呈现分类分层多样化的综合性课程，课程与教学之间开始建立更加紧密的联系。但长期以来，教学成为课程建设中变革较为缓慢的领域，直接影响课程质量，主要原因是有的教师缺乏系统的教学指导和帮助，部分教师观念落后，教学整体设计和组织能力不够高，模式化、形式化、碎片化、浅表性问题突出，教与学方式未发生根本性转变，作业量多、质低、类型单一、功能异化等。学校课程建设要求教学的全方位、系统化变革，要坚持为人民服务、为社会主义服务，培养学生理想信念和社会责任感；要坚持和生产劳动、社会实践相结合，培养学生学以致用、创新实践能力；要大力开展基于素养导向的大单元教学和主题化、项目式、实践性、综合性教学活动，注重差异化教学，强化个别化指导，满足学生多样化学习需求，提升教学质量。

第二节 课程建设的目标

课程目标是回答学校课程要“培养什么样的人”的问题，对课程的内容、实施、评价和管理工作具有导向作用，是对课程在宏观上的指导；教学目标是回答本节课要“怎么样培养人”的问题，是由任课教师依据教材和课程标准，按照教学进度、教学内容和实际教学状况制定的。两者既有区别又有密切联系，课程目标是教学活动的方向，统领教学目标，教学目标须围绕课程目标来制定，是课程目标的具体化、精细化。把握好两者之间的关系，有助于我们提高高质量教学的自觉性和主动性。

一、指导思想

坚持以习近平新时代中国特色社会主义思想为指导，全面贯彻党的教育方针，落实立德树人根本任务，充分发挥课程在学校育人中的核心作用，全面落实新课程新教材的理念和要求，大力发展素质教育。立足学校发展目标，围绕学校办学理念，落实育人目标，基于学生的年龄段特征、阶段性发展要求，深化学校课程改革，促进课程与教学、评价、招生等有机衔接，促进学校人才培养模式创新，为学生适应社会生活、接受高等教育和未来职业发展打好基础，引领学校多样化、有特色、高质量发展，培养德智体美劳全面发展的社会主义建设者和接班人。

二、建设原则

（一）导向性原则

遵循教育规律和学生成长规律，满足学生不同学习需要，既关注共同基础课程学习，也关注选择性课程学习，进一步提高学生综合素质，发展学生核心素养。

（二）实践性原则

结合实际，充分考虑学校区域、师资、生源、办学条件和教育实际，尊重学生实际情况和发展需求，探索深化课程改革和招考综合改革的有机衔接路径，确保学生发展需求、选课选考、课程安排以及考试评价的内在一致。

(三)科学性原则

课程内容科学严谨，根据学生、教师、学校发展实际科学合理地安排课程内容；课程的实施按学科的逻辑系统和学生认识发展的规律进行，使学生系统地掌握基础知识、基本技能，形成严密的逻辑思维能力和实践能力。

(四)系统性原则

健全组织领导、系统培训、示范引领、监测督导等工作机制，完善经费投入、师资配置、专业研究、设施配备等保障机制，为深化课改提供有力支撑。在课程实施、教学组织管理、学生发展指导、评价方式等方面积极创新。

三、建设目标

课程目标是课程的起点，也是课程的归宿，科学、具体的建设目标能保证课程的进展方向。

(一)坚守育人价值导向

课程标准是国家事权，要坚守为党育人、为国育才的初心和使命。要培养学生的理想信念，能够树立正确的人生观、世界观和价值观，具有国家意识、民族意识，能够热爱祖国，拥护中国共产党，维护民族团结，捍卫国家主权、尊严和利益，树立为实现中华民族伟大复兴、人民幸福和社会进步不懈奋斗的信念和行动；要培养学生的文化自信，能够传承中华优秀传统文化、继承革命文化、理解并践行社会主义核心价值观；要培养学生全球意识，理解人类共同体的内涵，尊重世界多元文化的多样性和差异性，具有开放意识和国际视野；要培养学生社会责任感，具有公民意识，能够履行公民义务，行使公民权利，维护社会公平正义；要培养学生法治意识、道德观念，能够遵纪守法、热心公益，具有奉献精神；要培养学生生态文明意识，能够尊重自然，保护环境。

（二）体现教育现代化的追求

学校课程应多方面体现现代化的教育理念，建立平等、民主、尊重、理解、包容、支持的师生关系，形成家庭、学校、社区一体化的、开放的办学机制；要体现扎根人民、奉献国家、肩负民族复兴的价值追求，培养学生主动灵活应用并迁移课堂所学知识，探索和解决日常生活、学术科研、国家乃至人类社会所面临的各种问题，创造美好生活的能力；要体现理论联系实际的课程思想，培养学生运用知识观察国家经济社会发展、科学技术进步、生产生活实际等各种现象，及时敏锐地发现旧事物缺陷、捕捉新事物萌芽，独立思考，创新创造和解决实际问题的能力。

（三）促进学校多样化特色发展

学校课程要依据国家教育政策，以课程建设为牵动，按照“构建特色课程—凸显课程特色—形成学校特色—成为特色学校”四步走发展战略，推动学校多样化特色发展；要围绕学生发展需求，能够有效满足学生的学习兴趣，激发学生的学习欲望，激发学生的智能潜力；要立足学校育人目标，帮助学生学会知识技能，学会动手动脑，学会生存生活，学会做人做事，提高学生的学习能力、实践能力、创新能力。

（四）推动人才培养模式的变革

全面实施新课程新教材，通过设置丰富多彩的课程，增加学生选择性，满足学生不同学习基础、不同学习能力、不同性格禀赋、不同兴趣爱好、不同学习路径以及未来不同发展方向的需求；要整合三级课程，融合学科课程、活动课程、实践课程，探索和发现普通教育与职业需求融通，实现多元多层次需求的厚重人才培养，促进学生全面而又个性化的发展。

第三节 课程建设的结构

“一核、四层、五域”的多维立体的学校课程结构基于现行课程体系和学生可持续发展的要求，围绕“为什么学、学什么、怎么学”等课程本源性问题，统筹安排贯通课程的结构，按照多层次、个性化、多样化、高质量教育的要求，形成科学、严密、系统、合理的课程序列。

一、明确“一个核心”

课程建设首先要回答“为什么学”的问题，即学校“育人目标”，这是课程建设的核心。学校要贯彻新课程、新课标、新教材的理念，根据国家教育方针和立德树人的根本要求，围绕培养具有“家国情怀、国际视野、科学素养、人文精神、品德高尚、身心健康”的育人目标，明确课程定位、课程内容、课程特点、培养目标、培养对象、选课方式、培养方式、授课教师、评价指标、预计成果等若干方面问题，为课程建设提供科学的依据和支撑，保证课程开设的科学性。具体来说，学校育人目标的核心要义体现以下几方面：

（一）一切为了人的自由发展

人的发展是马克思主义唯物史观的理论出发点和归宿，是人类自我发展的必然趋势。在课程建设进程中，要坚持马克思主义关于人的全面发展思想为理论出发点，根据人的自然属性、生产属性、消费属性，处理好人与自我的关系，处理好人与自然的关系，处理好人与社会的关系。

（二）一切为了核心素养培养

培养德智体美劳全面发展的社会主义建设者和接班人是课程的逻辑起点。核心素养是课程建设的学理基础和学科支撑，根据自主发展、社会参与、文化素养，处理好核心素养与学科素养的关系；学校课程群建设是课程建设的实践基础和现实支撑，把学科课程、综合实践课程、活动课程科学分类，相互渗透和融合，处理好学生发展的个性需求和全面发展的关系。

（三）一切为了教学质量提升

任何一个学校都有自己实际情况，不同的发展条件，学校课程建设必须依据校情，要对学校发展阶段、办学条件、资源情况、教师队伍、学生状况进行详细分析，厘清优势、劣势、不足以及发展空间，形成符合学校实际和教育规律的课程建设方案，为学校进一步深化课程改革，实现教育教学高质量发展奠定坚实基础。

二、紧扣“五大领域”

课程建设要明确回答“学什么”的问题，即课程内容，这是课程建设的根本。根据学生发展核心素养和学生多样化发展需求，从学生素养横向维度上，可围绕“五大领域”设置课程。

（一）自然科学领域

侧重于数学、物理、化学、生物等学科教学及相关交叉学科教育，主要培养学生自然科学知识和严谨、客观、实证、创新的科学精神。

（二）人文社科领域

侧重于语文、英语、思想政治、历史、地理等学科和理想信念、社会主义核心价值观、中华优秀传统文化、生态文明、志愿者服务、研学实践等德育教育和活动等，培养强化理想信念教育、学生品德教育，增强“四个自信”，厚植爱党爱国爱人民思想情怀。

（三）科学技术领域

侧重于信息技术、通用技术、劳动技术等学科和科技、工程、工艺、技术等方面教育，统筹课堂学习和课外实践，强化实验操作，统筹开展好生产性、服务性和创造性劳动和活动，使学生掌握科技本领、树立热爱科技的品质，培养创新思维和实践能力，提升技术能力和素养。

（四）体育健康领域

侧重于体育与健康等学科教学及心理健康教育，培养学生健康心理品质，增强学生体质健康，培养体育兴趣和运动习惯，掌握

1—2项体育技能。

（五）艺术审美领域

主要侧重于音乐、美术等学科教育及书法、舞蹈、戏剧、影视等美育教育，引导学生发现美、理解美、追求美，以美育人、以文化人，培养学生艺术感知、创意表达、审美能力和文化理解素养。

科学、人文、技术、体育、艺术五大领域相辅相成，相互促进、相得益彰，共同构成学生发展所需培养的核心素养。

三、抓好“四层次”

课程建设要回答好“怎么学”的问题，即课程要求，这是课程建设的关键。根据学生身心发展特点和教育规律，从学生发展纵向维度上，按照“四层次”构建课程结构。

（一）基础性课程

突出基础性，是合格性课程，按照课程标准，开足开齐国家课程，对达不到国家课程质量标准要求的学生，分层分类有针对性地培养。

（二）拓展性课程

突出应用性，是兴趣性课程，按照核心素养要求，根据学生兴趣爱好，对国家课程进行补充、拓展、深化，培养学生掌握1—2项终生爱好所需的基本知识、关键能力和学习习惯。

（三）特长性课程

突出专业性，是扬长性课程，按照学生多元智能发展特征，对学生某一领域突出特长进行专业化培育，支持和引导学生参加各级学科类、科技类、艺术类、体育类竞赛、比赛，并在该领域获得个体优势和专业化发展。

（四）创新性课程

突出创新性，是综合性课程。按照创新人才培养方式，面向综合素质优、学科质量好、具有创新潜质，并立志报效国家的学生，根据“五大奥赛”“强基计划”要求，对接高校人才培养需求，开设高端前沿课程，为学生获得升入“双一流”学校所需的素养做准备。

四个层级课程由面到点、由浅入深，逐级递进、逐级提高，体现三个面向：由面向全体到面向分层，再到面向个体，从全面培养到个性发展，使每个个体都获得平等的教育，又使每个个体都有所侧重，努力实现让每个人都获得成功。

四、实现课程综合

（一）打通门类

以国家基础教育课程计划为基本依据，打破国家课程、地方课程、校本课程的界限和比例划分，打破实践、活动类和学科类课程的严格界限。

（二）打通课时

在总课时符合国家规定比例的前提下，整体规划课程门类的课时比例，形成不同学段的差异课时比例。

（三）课程融合

以主题组合学科课程，将活动教学融入其中，并与拓展性、实践性活动课程相结合，满足学生的个性和兴趣需求。

第四节　课程建设的内容

“一核、四层、五域”的多维立体的学校课程中的基础性课程、拓展性课程、特长性课程、创新性课程等四类课程同时包括国家、地方和校本课程的要求，体现了三级课程对学生发展的要求。四类课程相辅相成，保证基础学力达标，同时促进满足学生多方面发展的需求。

一、基础性课程

基础性课程由国家规定的学科课程门类组成。旨在保证达成基础教育课程目标，保证学生的基础学力，培养学生的核心素养。其学时比例约占全部课时的80%。基础性课程内容需要根据目标与内容，进行再组织、再整合，使原有课程内容得到延伸、重组与提升。

（一）1—6年级的课程内容

主要是尊重天性、激发兴趣、养成习惯，重点培养学生的运动习惯、读书习惯、动手习惯、思考习惯。包括语文、数学、外语、道德与法治、体育健康、美术、音乐、信息技术、劳技、科学等。

（二）6—8年级的课程内容

主要是为学生有选择的发展创造条件、奠定基础，重点培养学生的运动习惯和能力、阅读与鉴赏能力和习惯、探究和操作能力、思辨和主体判断能力、自主学习和自我发展能力、沟通和人际交往能力。包括语文、数学、外语、道德与法治、历史、地理、生物、物理、化学、信息技术、劳动技术、音乐、美术、体育与健康等。

（三）9—12 年级的课程内容

主要是为满足学生升入大学、升入高职、就业等多样化选择和多层次学习需求创造空间，重点是对学生进行分类、分层指导，在普通教育中融入专业、职业、技术教育元素，形成普通教育中的职业启蒙教育，提升学生健康生活的运动、语言交流、数学和科技、学会学习、人际交往和履行公民职责的能力、创业能力和文化表达能力。包括语文、数学、外语、思想政治、历史、地理、生物、物理、化学、信息技术、通用技术、音乐、美术、体育与健康等。

二、拓展性课程

拓展性课程由学校特色课程、课外活动和兴趣小组活动有机组成，包括专题教育综合课程、选修课程、社团活动课程、实践性课程等。旨在拓宽视野，培养学生的爱国情怀；激发潜能，培养学生动手操作能力、创意和创新能力；强身健体，培养学生阳光向上、喜爱户外活动的习惯；满足多种兴趣，丰富学生的涵养。其学时比例约占全部课时的 10%。

（一）专题教育综合课程

为各年级必修课，通过组织大讲堂，开展“科学家进校园”和“艺术家进校园”的活动，进行科技、艺术的讲座与培训，提高学生的科技意识和艺术兴趣；围绕“生命与生态、道德与伦理、民族与国家”三个维度，开展国情教育、理想信念教育、社会主义核心价值观教育、中华优秀传统文化教育、生态文明教育、文明礼仪教育，增强教育的针对性、有效性和吸引力、感染力，提升学生思想觉悟、道德水准、文明素养。

（二）兴趣活动选修课程和社团活动课程

为非毕业年级选修课，由学科类、体育类、艺术类组成。旨在为学生提供丰富的课程资源，通过培养学生兴趣爱好，并系统学习该项的基本知识，掌握该项的基本技能，助力学生将兴趣转化成一技之长甚至是终身的热爱。如：学科类的阅读、朗诵、诗词、演讲、写作、外语素养、英语演讲、考古、天文、地理科普等；体育类的足球、篮球、排球、乒乓球、羽毛球、冰雪运动、游泳、田径、体操、武术等活动。艺术类的书法、摄影、戏剧、曲艺、影视、舞蹈、合唱、器乐、绘画等活动；科技类的机器人、航模、3D 打印、未来工程师等活动。

（三）实践性课程

为各年级必修课，由综合实践活动、地方课程、社会大课堂和学校课程等组成。旨在为学生提供丰富的接触社会、认识社会生活、参与社会实践的机会，培育和践行社会主义核心价值观。如：志愿者服务的垃圾分类、文明交通岗、福利院等；校园活动的体育节、科技节、艺术节、辩论赛、模拟联合国等活动；研学实践类，如革命传统的红色之旅、探寻中华灿烂文明的寻根之旅、面向未来的科学之旅以及野外拓展训练、亲近大自然、考察现代农业，学工劳动体验、非遗制作体验、社会问题调研等。

三、特长类课程

为各年级选修课，由学科类、体育类、艺术类组成。旨在根据学生身心发展特点，为学生提供终身发展所需要的专业化课程，通过专业化、系统化学习，培养学生语言、数理逻辑、人际交往、音乐、空间、身体运动、自我认知、认识自然等专业能力，其学时比例约占全部课时的5%。

（一）学科类课程

如：数学、物理、化学、生物竞赛，写作、演讲、考古、辩论、天文等。

（二）科技类课程

如：信息技术竞赛、人工智能创新、创意编程与智能设计、信息技术创新与实践、物联网创新创客、无人机、发明、科普创新实验、水科技发明、电子信息等。

（三）体育类课程

如：足球、篮球、排球、乒乓球、羽毛球、冰雪运动、游泳、田径、武术（武术套路、拳击、跆拳道、摔跤、柔道、空手道等）、体育舞蹈（摩登舞、拉丁舞等）等。

（四）艺术类

如：绘画（中国画、油画、版画、壁画等）、雕塑、声乐、器乐（指挥、管乐、民乐、打击乐、钢琴等）、舞蹈（中国舞、民间舞、现代舞、芭蕾舞、国标舞等）、表演（节目主持、影视、戏曲、戏剧、曲艺表演等）、播音主持、广播电视编导、书法、造型艺术、车辆模型、航海模型等。

四、创新性课程

为各年级选修课，由大学先修课程、奥赛课程、强基课程组成。旨在针对综合素质优秀、学业成绩突出，具有创新能力，立志报效国家的学生，培养国家发展战略所需的数学、物理、化学、生物、信息技术等基础科学研究人才所开设的课程，其学时比例约占全部课时的5%。

（一）竞赛课程

如：数学、物理、化学、生物、信息技术等竞赛课程。

（二）大学先修课程

如：大学物理、化学、数学、生物、信息、经济等。

（三）强基课程

如：人工智能、芯片制造、生物制药等。

第五节　课程建设的实施

学校课程实施一般分为五个环节，即设置、实施、反馈、优化、调整。课程建设在设置时要依据国家教育方针和学生成长需求，提炼总结学校的育人目标，再围绕着育人目标设计课程目标、构建课程结构、丰富课程内容；在课程实施时，要搭建课程体系、优化课程评价、变革课程管理、配置课程师资、做好课时保障、开发课程空间和设施设备；在课程反馈时，要根据往届学生入学时和毕业后发展方向的数据统计，对课程实践经验和成效加以分析，根据课程实施中发现的问题，及时评估实施效果，及时反馈信息；在优化和调整时，要根据国家新课程改革的精神和上级教育部门的要求，结合学校课程结构和课程内容的总体布局与安排，坚持边实践边研究，不断优化课程设计，科学调整课程体系，最终实现学校课程的科学性、规范性，形成相对稳定的课程体系。“一核、四层、五域”的多维立体的学校课程主要通过基础课程项目化推进、拓展课程系统化实施、特长课程精准化培养、创新课程综合化发展等方式进行实施。

一、基础课程项目化推进

“基础课程项目化推进”是指要改变国家课程就是课本的观念，通过对国家课程进行项目化加工，推动教师对国家课程的再认识、再加工。要超越原先单纯的知识点的要求，提升至学习结果的综合表现或整体刻画；要关注知识点的习得、运用与迁移，重视知识点的联系与整合，以及真实情境中解决问题的能力；要强调学生通过学习之后逐步养成关键能力、必备品格与价值观念。解决好“教什么”及“怎么教”的问题。

（一）提升国家课程质量

学校基础性课程要严格落实新课标要求，全面实施新课程新教材，开足开齐国家课程；要建立课堂教学管理制度，完善课程质量保障体系，确保学生学习达到新课标要求的质量标准；要依照新招考、新课标及时对国家课程内容进行修订、补充、完善，开展大单元备课，明确学科落实立德树人根本任务的独特贡献与育人价值，明确从期望的课程目标到过程性的内容标准，再到终结性的素养目标；要探索新的教学模式，促进课堂教学改革，开展启发式、互动式、探究式、合作式教学，提高教学效率，实现基础课程的高质量发展。

（二）国家课程二次加工

加强国家课程的跨年级、跨学科、跨领域的融合研究，在全校组建融合性课程项目组，对教师进行大单元备课、融合课程、项目学习等内容的培训；组织项目组集体备课，要求教师围绕课程标准及核心素养目标，合理组织适合学生实际的教学活动，科学设计教学流程，并通过有效的师生互动使学生达到相应的目标，提升教师对国家课程的加工意识和课程开发能力。

（三）丰富课程资源

组织教师整合正在使用的教科书、其他版本教科书、学科读物、学术论文、生活常识等资源，建立项目课程资源库，形成适合学情的教学资源，为国家课程实施提供丰富资源。

二、拓展课程系统化实施

“拓展课程系统化实施”是指要改变课程为“开设而开设”的“碎片化”“点状式”“分散式”弊端，紧紧围绕学校育人目标，对标核心素养和尊重学生差异，按照学生能力和发展水平系统设置和实施课程。

（一）明确课程目标

学校要围绕学科核心素养，按照课程领域开发跨学科、跨领域的交叉课程、主题课程、系列化课程，增加课程选择性，最大限度满足学生个性化发展需求。

（二）创新课程途径

学校要根据不同学段的育人目标任务，创新课程、文化、活动、实践、管理、协同等六大育人途径，系统构建方向正确、内容完善、学段衔接、载体丰富、常态开展的课程体系。

（三）加强课程管理

学校要按照“四有、三定、一反馈”加强拓展课程管理，即：有组织、有目标、有管理、有考勤，定时间、定内容、定形式，及时反馈活动情况，保障拓展课程效果。

三、特长课程精准化培养

“特长课程精准化培养”是指针对学生发展中呈现的不同禀赋、不同发展基础和多样需求，紧紧围绕每个学生个体生命的差异，尊重具有特殊倾向、志趣和才能的个性需要而开设和实施的课程。

（一）明确培养对象

特长课程就是基于学生发展的不同智能，从学生的实际发展基础和需要出发开发的课程，所以特长课程是针对特定群体，实现扬长教育。

（二）丰富课程资源

特长课程对专业师资要求比较高，学校要通过内部挖掘、校外引进，聘请专业教师，以开设专业化课程的方式，为学生精准化开发科技、体育、艺术等多种特长课程，使学生能够根据自身特点或特长，选择适合自己的课程，给予学生真正的成长空间。

（三）搭建展示平台

通过组建特长社团、训练队、兴趣小组等方式，开展“体育节”“艺术节”“科技节”“读书节”等校园节庆活动，为特长课程搭建展示的平台，激发特长生潜在的学习兴趣，助力学生的个性发展，实现个性化教育。

四、创新课程综合化发展

“创新课程综合化发展”是指要改变课程建设受制于年级、学段、中高考等影响，局限于短期目标的追求，缺乏连贯性、综合性，无法充分满足创新型人才培养需求的弊端，对具备创新潜质的学生开设实施的长周期、高水平、贯通式、综合化培养课程。

（一）打通课程门类

以国家基础教育课程计划为基本依据，打破国家课程、地方课程、校本课程的界限和比例划分，打破实践、活动类和学科类课程的严格界限，按照多层次、个性化、多样化、高质量教育的要求，开设符合学生创新发展的综合性课程，形成更加符合创新人才发展需求的课程体系。

（二）突破学段限制

精心规划教学目标、教学内容和教学方法，通过集体备课、集体教研等方式，开发小初、初高衔接课程。

（三）对接大学人才需要

选拔有志于服务国家重大战略需求且综合素质优秀或基础学科拔尖的学生，向上引进高校资源，开设奥赛、强基、大学先修等创新课程。

第六节　课程建设的评价

评价是保证课程质量的关键，最重要的目的是达成课程目标、提升教育质量、促进学生的学业进步和教师的水平提升。学校要着力建立多元化的课程测量与评价机制，力求能够多维度、全面地呈现课程效果水平，及时发现实施中的问题，修订和改进课程。主要包括课程内容与效果评价、学生学习效果评价、教师教学效果评价等三部分。

一、课程内容与效果评价

课程内容方面由学校课程管理部门对教师开设课程进行前置性评价，主要通过百分量化对教师的课程教学设计、课程实施的价值性、科学性、规范性、教育性、可行性进行定量评价。课程效果方面由学生对课程实施效果进行结果性评价，主要通过问卷调查，对学校课程管理、教师教学、课程教学效果的直观感受、实际获得感进行定性评价。以下为课程内容评价参考量表：

课程内容评价量表					
一级指标	二级指标	三级指标	权重	自我评价	同伴互评
课程内容	价值引领	1. 体现立德树人、五育并举的思想 2. 体现学科基本理念、核心素养、评价原则等	5		
	课程定位	3. 教学内容与课程标准、教材、学科知识等的紧密关联，具有教育教学功能和价值；明确课时分配情况及每课时的主要内容 4. 教学内容符合学生实际，有针对性地解决学生在学习中的思维障碍点和探寻发展点	5		
	课程目标	5. 课时教学目标符合课程规划要求，可操作可评价 6. 体现以学生为主体、注重教学过程与目标的达成度	5		
	教学过程	7. 突出整体性、结构性和逻辑性。并能用流程图或表格的形式简要呈现教学过程 8. 教学过程中主要教学环节（或问题、任务、活动）设计清晰完整	10		
	教学活动	9. 活动（或问题）明确、可实现，并与目标一致。活动情境真实，有价值，能调动学生参与课堂的积极性 10. 活动的设计有一定的层次，体现差异化教学	10		
	课程评价	11. 有学生学习效果评价设计，包括评价目标、评价内容、评价方式及工具、评价结果及教学质量分析等 12. 突出评价的诊断性、表现性、激励性功能。适量、适度，能判断学习目标的达成度 13. 作业设计针对性强。能发挥作业对于复习巩固、引导学生深入学习的作用，能进行差异化设计	5		
	实施	14. 教学过程清晰、重点突出、逻辑性强；过程完整有效，紧扣教学目标，体现教、学、评一致性 15. 突出以学生为中心理念，体现学生自主学习、合作与探究	20		

续表

课程内容评价量表					
一级指标	二级指标	三级指标	权重	自我评价	同伴互评
课程实施	教学规范	16. 教学语言规范、清晰，富有感染力。教学逻辑严谨 17. 能够较好运用各种现代教育技术手段，相关知识点、教学内容等讲解清楚。仪表得当，教态自然，能展现良好的教学风貌和个人魅力	5		
	学习指导	18. 为每个学生提供平等参与的机会，有针对性的指导。能根据学习方式创设恰当的问题情境。能及时采用积极、多样的评价方式 19. 能够根据反馈信息对教学进程、难度进行适当调整，合理处理临时出现的各种情况 20. 课堂互动好，有激励性和启发性	5		
	学生活动	21. 活动任务具体、操作性强，有挑战性、迁移性，有价值 22. 提供恰当的学习情境、材料和方法进行探究 23. 学生能积极参与到课堂活动中，方式多样，时间充分	10		
	课堂气氛	24. 面向全体，关注差异，学生的人格受到尊重 25. 课堂气氛活跃、有序，交流平等、积极，学生的讨论、回答得到鼓励	5		
	教学效果	26. 基本实现教学目标，学生基本完成活动任务。每个学生都有不同程度的收获 27. 学生能灵活解决教学任务中的问题 28. 学生体验到学习和成功的愉悦，有进一步学习的愿望	10		
	学科特色	29. 符合学科课标要求和学生实际 30. 体现学科独特育人价值	5		
综合评定			100		
反思和改进建议					

以下为课程效果评价参考量表：

课程效果评价量表				
你选修的课程是				
对学校课程管理效果进行评价				
	非常满意	满意	一般	不满意
师资配备				
资源设备配备				
选报课程制度				
学生考核制度				
对校本课程的总体满意度评价				
校本课程哪些方面有待改进				
对课程教育效果进行评价				
	非常满意	满意	一般	不满意
知识性				
趣味性				
实用性				
对课程的总体满意度评价				
从本课程的学习中，你的收获是				
你认为本课程的不足是				
写出一门你希望下学期能开设的课程				
对教师课程教学进行评价				
	非常满意	满意	一般	不满意
对担任此学科的教师的满意度				
你最喜欢的老师是谁？为什么				

二、学生学习效果评价

学生学习效果评价由过程性评价和终结性评价组成。评价方式主要通过建立学生学习评价手册，利用“学生综合素质评价”和学分（高中）办法综合考评学生。过程性评价主要关注学生在学习过程中的出勤、课堂纪律、课堂表现、作业完成、参与度、合作性等方面的表现，终结性评价主要通过学生作品、学业成绩、参加活动展示成果等方式呈现。评价手段注重参与性，采取教师评价、学生自评互评，家长参评、课程评审委员会考核相结合，书面材料评价与学生口头评价、活动展示评价相结合，定性评价与定量评价相结合等方法。评价采用等级制，分为 A、B、C、D、E 五个等级，制定等级评价标准，分别对应 100、90、80、70、60 分。评价注重激励性，严格学分认定和综合素质评价管理，未完成学时、达不到课程质量要求的要进行补修，高中不发放毕业证。对表现优秀的学生给予荣誉激励。以下为学生学习效果评价参考量表：

学生学习效果评价量表

评价标准	评价要素	等级评价
学习过程	1. 出勤情况	
	2. 作业完成情况和正确率	
	3. 课堂纪律情况	
课堂表现	4. 认真听讲，积极参与课堂讨论等活动	
	5. 课堂能和老师进行良好互动，积极提出和回答问题	
	6. 课后有具体明确的实践性学习行为	
	7. 发现问题解决问题的热情	
	8. 基于教学内容能有效迁移	
课程成果	9. 积极参加教师组织活动	
	10. 积极参加学校展示、比赛、活动	
	11. 积极参加区级及以上展示、比赛、活动	
学习效果	12. 培养自己正确价值观	
	13. 核心素养的提升	
	14. 学以致用，养成良好学习品质和习惯	
综合评价		

三、教师教学效果评价

教师是课程建设主体，学校可以通过每学期对教师教学效果进行一次评价，来帮助教师发现教学中的问题，寻求新的突破点与发展方向。评价方式以教学班为基本单元，采用教学专家、教学干部、同行、教师个人、学生等多主体评价，在同一个评价标准体系下为每个主体设定不同的评价角度，形成多元评价体系。以下为教师教学效果评价参考量表：

教师教学效果评价量表			
评价标准	评价要素	分值	得分
教学目标	1. 教育目标的渗透	10	
	2. 恰当运用教学材料，落实核心素养的培养	5	
	3. 目标与教学过程有清晰可靠的逻辑关系	5	
教学内容	4. 学习过程是任务式、情景式的或创设实践性体验性情境	10	
	5. 教学内容组织得当	5	
	6. 课堂的容量与探究深度符合学生认知的实际	5	
	7. 能够根据学生特点对课程进行适度的二次开发	5	
	8. 基于教学内容有效迁移	5	
过程控制	9. 创设平等的对话环境，激发学生发现问题解决问题的热情	10	
	10. 能够针对学生的困难、问题给予及时的、理性的、恰当的反馈	5	
	11. 教学节奏控制得当	5	
学习活动	12. 学生参与性强，有具体明确的实践性学习行为	10	
	13. 学生学习方式多样，注重体验、合作学习	5	
	14. 学生实践性学习的机会充分且深入	5	
教学效果	15. 学生能够在适当的提示下解决迁移问题	10	

第七节　课程建设的保障

“一核、四层、五域”多维立体的学校课程强调超越教材、学科、学段的局限，这就要求学校要整合各种资源，协调各部门的关系，联合各方面的教育力量，保障课程管理规范、实施过程顺畅、实际效果显著。为此，需要着力建立以下保障机制，以保证实现课程建设预期目标。

一、组织管理保障

管理是课程得以成功实施的必要保障，学校要发挥课程规划、实施、组织、协调与管理方面的责任，确保课程建设的开展。

（一）建立课程管理机构

学校要成立由校长任组长的课程建设领导小组，学校领导班子主要成员作为主要组员，主要负责课程建设的方向、资源统筹等方面工作；要成立以名优特级教师和课程建设专家组成的课程委员会，负责课程规划、课程审议、课程评价等方面的工作；要成立以学校中青年教师为主的课程工作室，主要负责课程管理、实施等方面的日常管理工作；必要时要设立课程教研室，开展课程研究和实验。

（二）严格遵守国家规定

遵照上级课程方案，严格执行国家各项规定，开足开齐国家课程，不随意增减学时、挪用学时，保证学生在教学过程中的活动时间，严格执行国家减轻学生负担和规范学生作业设置的规定；要发挥课堂主阵地作用，大力提高课堂教学效果，实现“减负提质”的目的。

（三）有序实施选科走班

学校要制定选科走班指南，开发课程安排信息管理系统，加大对班级编排、学生管理、教师调配、教学设施配置等方面的统筹力度，提高教学管理水平和资源使用效率，构建规范有序、科学高效的选科走班运行机制。要加强走班教学班级管理和集体主义教育，强化任课教师责任，强化导师制，培养学生自主选择、自主管理能力，充分培养和发挥学生自主管理能力和作用。

二、师资队伍保障

（一）科学配备教师

为适应不同学段学生年龄特征和课程设置、教学需求，在1—2年级实行包班制，3—5年级实行年级教师制，6—9年级实行年级+学科教师制，10—12年级实行学科教师+导师制。

（二）增强课程开发能力

加强教师培训，提高教师课程建设能力，持续推进“师徒结对”“青年教师沙龙”等活动，开展新教师培训和跟岗研修，打通名优教师队伍的“活水源”；继续抓好“名师工作室”“名班主任工作坊”建设，加大骨干教师培养力度，拓宽名优教师队伍的“蓄水池”；实施“名师研修”计划，支持优秀教师驻高校、市内外名校、科研院所研修和赴海外担当访问学者，促进高水平创新型教师大量涌现。增强课程开发能力，建立课程咨询和研发队伍，整合已有课程资源，建立团队或借助社会力量，引进、定制、研发课程资源。

（三）拓宽教师成长平台

每年举办一次课程年会，促进教育成果分享；各学科每学期至少筹备一次课程研讨会，促进校内课程学习交流；开展常态化听评课活动，促进学科教研；鼓励教师开展课题研究，申报优秀课程成果、优秀教学资源、科研论文，带动课程的发展和完善。

（四）完善课程激励制度

建立以课程为核心的新的教师岗位职责和考核评价机制，调动教师参与课程建设的积极性；为积极参与课程开发教师，提供对外交流和参加有关学术活动的机会，提高教师的业务水平和教学能力；开展课程建设优秀教师评选活动，在年终工作考核、评优、评先中予以优先考虑；评选精品课程、优秀校本课程、优秀原创课程资源，对推广应用的课程资源给予奖励。

三、课程开发保障

（一）做好课程研发保障

学校建立课程与教学资源研发制度，组建高学历、高水平、高素质的课程开发和专家团队，指导学校课程建设，确保开设课程内容科学、准确，所研发的教学资源符合相关要求；丰富教师研修资源，引领教师开展教育教学研究，在教学过程中逐步形成特色的教学体系和内容，培养研究型教师。

（二）规范课程研发程序

开展课程需求调研，通过教师与学生的交流、座谈以及问卷调查，开展对升学期望、就业期望、社会需求、学校教育和课程学习的期望和需求的调研，根据需求精准开设符合学生个性发展需求的课程，满足学生多样化、个性化发展需求；要制定课程实施纲要，明确课程总体目标，制定学校课程的大致结构，提出课程规划，制定课程计划表；发布课程公告，组织教师申报，制订课程计划，确定课程的开课名单及上课教室；做好选科走班的动员工作，组织教师进行校本课程试讲、学生试听，指导学生通过网络平台进行选课。

（三）做好课程资源保障

要根据学生人生规划和未来选择，提供分类课程，每一类课程中有分层的基础课程和特定类别课程，部分实行分类班 + 走班制；学校要通过与科研院所和高校建立战略伙伴合作机制为课程建设引入资源，通过提供教师培训、前沿科学讲座等提升教师的课程研发能力；要积极导入专业机构和教师开设部分课程，进一步丰富学校课程内容，为学生发展提供新的选择；学校要建设能满足课程建设需要的功能教室，保障各课程授课均在相应的学科教室进行；学校每年要把固定课程经费纳入年度正常预算，用于课程开发与教学资源建设，做好课程研究、开发、实施的资金保障。

四、课程实施保障

（一）加强常规管理

开课前，至少完成两个月的教案、PPT、课后作业和测试题；

开课中，课程管理部门要根据课堂观察量表，通过检查教学案、巡视、听课等方式，跟踪开课情况；开课后，组织展示学生学习成果，分析学习成绩，进行学生、教师问卷和访谈、满意度测评等，对课程进行评价，及时发现问题，及时沟通、整改。

（二）精准进行个性化辅导

每学期要通过课堂、作业、测试、实践活动表现等不同的方式对学生的学习情况进行评价，了解学生对该学科学习的兴趣爱好、学习效果等，及时进行个性化辅导和培养。

（三）及时优化课程

课程结束后收集课程的规划、教学设计、课程教案、课件、课程反思与改进建议、作业及测试等教学资源素材，根据课程实施情况，及时把意见反馈给教师，引导教师努力提升校本课程的开发与执教能力，自觉优化课程内容，及时提高课程教学质量。

总之，学校要从办好人民满意的教育这个重大命题出发，依照国家教育政策，对接新课改新教材新课标新高考要求，遵循学生发展需要，建设符合学校实际、切合地域特点的多维立体的特色课程体系，发挥课程建设在立德树人、对接招考、引领教学等方面的综合效应和成果，促进学生全面成长、提升教师专业发展水平、推动学校多样发展、引领区域教育发展，为学校高质量发展提供强大动力。

第六章　高质量教学有效管理策略

凡有人群的地方，就有管理，多数情况下每个人既是管理者，又是被管理者。教学管理是学校管理的重要内容，直接关系教学改革的成败和教学质量的高低。学校要规范教学管理，促进教学管理从粗放到精细、从外延到内涵、从控制到自觉、从低层次逐步向高层次。这个教学管理的发展过程就是教学质量螺旋式上升的过程。

高质量教学管理就是指依据教学规律和人的发展规律，遵循教学基本规范，通过加强对教学的组织管理、目标管理、计划管理、课程表管理、过程管理、资源管理等途径，不断创新管理手段，充分聚合管理人员、教师、学生和家长力量，合理调度教学资源、教学条件、教学环境、教学信息、教学时间等要素，实现管理顺畅、配置合理、教学高效、质量进阶的目的。

第一节　教学管理的意义

管理就是“管”和“理”，没有“管”就没有“理”，没有

“理”就管不好。无论什么样先进的理想追求、无论什么样先进的教育理念、无论什么样先进的教学方法，如果没有丰富生动的教学实践，都会成为“空中楼阁”“镜中花”“水中月”，“坐而论道”和“纸上谈兵”是实现不了教学高质量发展的目的的。实践证明，理念不是质量、方法不是质量、个人也不是质量，只有把先进的理念、科学的方法、高效的管理结合在一起，才能达到“知行合一”的目的，才会推动教育教学发生深刻的变革，这就是教学管理的意义和价值所在。中小学要进一步加强和优化教学管理，处理好人文关怀和教学管理的关系、处理好个人和组织的关系、处理好规范和自由的关系，推动教学的高质量发展。概括起来，教学管理具有以下重要意义：

一、能够保证教学的正确方向

科学、规范的教学管理是保障高质量教学从“理念”转向“行动”的“催化剂”，是从“我知道”到“我做到”的“助推器”，是从“一个人”到“一群人”的“聚合剂”。每一个人身上都体现有人性的优点，也有人性的弱点。管理的本身实际上就是对人性弱点的一种克服，这就要求学校管理者对此要有清醒的认识，在管理时要看到人性的两面性，既要注重人性化管理，也要注重规范化管理。要旗帜鲜明地学会从价值上判断学校教学团队是否形成，是一个什么样的团队，要毫不动摇地放大、唤醒人性的优点，对那些出自人性的弱点，总是用所谓的“人文关怀”为理由来降低组织对其要求的人和事要进行对抗和引领，决不能随波逐流。如果我们在教学管理上失去价值判断，学校最终将会成为一盘散沙，更谈不上提升教学质量。当然，高质量教学在强调管理的科学性、合理性、纪律性的同时并不排斥对教师的人文关怀，相反会更加注重对教师的关心、爱护，更加注重个人的态度在决定其行为方面的重要作用。从而引领学校建立正确的价值取向，确保教学管理的正确方向。

二、能够促进教师成长

教师的成长和发展是一个漫长的过程，一个优秀教师不是天生的，是日积月累、一点一点成长起来的，教师成长的最大问题不是行为管理问题，而是思想管理的问题。对一个学校来说，教师思想的进步是教学的改革和进步的先声，没有统一的思想认识，就不可能有教育教学改革的行动和教学质量的提升。实际工作中，我们常见一些教师职业倦怠严重，主要表现在：要么不思进取、得过且过；要么缺乏学习和研究，问题意识不强，发现不了问题或者发现了问题却不知如何下手去做；要么教法陈旧，导致课堂上学生昏昏欲睡、教学效率低下等，这些问题归根结底是思想上的老化和缺乏扎实深厚的教育学、心理学功底造成的。教学工作归根结底是需要教师去做的，学生的思想意识、纪律观念、行为习惯、学习习惯的培养和备课、上课、复习、批改作业等各种繁重复杂的教学工作都要依靠任课教师来进行，高质量教学要高扬理想的旗帜，培养教师身为教育者的神圣责任感、使命感，立志于立德树人、教书育人、爱岗敬业、为人师表，在全校形成教育合力；要通过不间断的学习培训，提高教师对教育问题的鉴别能力、思考能力和处理能力，准确找到自己的教学问题和问题背后的原因，找到有效的整改措施和科学方法，提高教育效能。这一切最终都会落脚在教师素养提升上，会极大地促进教师成长。

三、能够提高教学质量

教学管理是一门科学，但在学校实践中往往缺乏对其重要价值和意义的充分认识和利用。当前，学校在教学管理中还存在很多不尽如人意的地方，主要表现在：有的学校教学管理制度不完善，大多仍然是“人治”；有的学校缺乏标准或者标准不清，大多侧重定性；有的学校缺乏执行力，大多存在拖延、低效、应付、打折扣或走样，导致美好的构想停留在书面上；有的学校缺乏思想共识，存在个人与组织目标的不协调，一些教师出现“内卷”和“躺平”现象，你说你的，我做我的，难以进行沟通等，这些问题都需要中小学校在日常工作中加以重视并予以解决。教学管理要依据系统论、控制论的相关理论，全面考虑教学工作涉及的各要素，系统分析教学管理的各环节，全链条改进教学管理的各方面，重点要做好目标管理，明确我们要达到什么水平和程度；要做好计划管理，明确我们要怎么做，每个阶段的任务；要做好过程管理，对每个阶段的任务及时进行评估、反馈、校正与调整；做好科学测量，改变单纯的定性描述或成绩控制两个极端，把定性和定量结合起来，让数据说话，帮助学校做出正确的决策。所有这些工作最终都会汇聚成促进教学质量提升的巨大力量。

第二节　教学的目标管理

目标是行动的方向标，科学、具体、规范的目标能够充分激活广大教师干事创业的内在活力。这里说的“教学目标”不是教师课堂教学的目标，而是教学质量的奋斗目标，是教学质量的综合体现。教学目标管理是指通过科学设置教学质量目标体系结构，合理地确定目标阈值，把教学质量从定性转向定量，具有可看见、可测量、可评价的特点。

一、目标的制定

（一）要有可行性

教学质量目标不能过高，不能“好高骛远”，否则就会挫伤教师积极性，最后形成“夹生饭”局面；也不能过低，不能“妄自菲薄”，否则就无法调动教师积极性，最后形成“大锅饭”局面。学校要依据上级部门对学校教学质量目标评价要求，准确分析学校发展基础、学生发展条件和实际状况，本着“跳一跳够得着”的原则制定教学目标和考核指标。不仅仅要和别人“横向”比，更要和自己“纵向”比；不仅仅看重成绩、名次，更看重质量、发展水平。

（二）要有科学性

教师工作具有复杂性，学生成长具有长期性，考试也有不确定性，学校要纠正以“分数”定英雄、以“名次”定奖惩的“一刀切”教学质量目标制定办法。要通过多年同期、同学科质量数据跟踪和分析，科学确定教学目标阈值、波动值，包括优秀率、及格率、平均分、优生人数的绝对数、变化值和区域位次等。特别要注重对这些质量数据的分析，从纵向看“增值”，判断教师加工能力；从横向看“比较”，判断教师教学在区域位置。

（三）要有系统性

教学质量涉及教师个人、教研组、备课组、年级组、班级管理等各方面因素，教学目标要充分考虑各种内在因素之间关系。在成果上，要充分肯定教师个人的劳动价值；在教研上，要充分肯定教研组、备课组的同伴互助和专业引领作用；在管理上，要充分肯定年级组、班主任的指挥和协调作用，不鼓励“单枪匹马”，不提倡“唱独角戏”，不能搞“公海捕鱼”，从而集合集体智慧，使所有教师有所为、有所不为。

二、目标的实施

（一）要科学分解目标

教学目标的完成需要凝结集体的智慧，是各个学段、各个学科共同作用的结果。学校要在集体协商的基础上，将教学质量目标科学地分解到年级、学科、班级，落实到教师个人头上，做到目标明确，责任到位，形成“千斤重担大家挑”和“千帆竞发”“百舸争流”的良性发展态势。

（二）要强化团队协作

教学质量的提升是所有学科教师共同努力的结果，没有任何一个教师能凭一已之力把学生培养成功。教师必须具有强烈的协作精神，学校在教学目标考核上不鼓励“孤胆英雄”，不提倡“一枝独秀”，要把教学质量目标聚焦在有效的集中度上，引导教师补上学科短板，坚决避免个人封锁的“竞争”、学科封闭的“内卷”。

（三）要减轻学业负担

教学质量最终是要通过学生发展成果得到体现，是以尊重学生成长规律、遵循教育规律为前提和基础的。学校要发挥教研组、备课组、年级组、班主任的统筹协调作用，确保正常教学秩序，科学调度各科学习内容、学习时间、作业量、训练量、测试次数，坚决避免“学科本位”的思想，避免通过抢占学生学习时间，一味增加学生负担来达成教学质量目标的情况发生。

三、目标的应用

（一）评价教师

要发挥目标管理在教学管理中的诊断功能，通过建立健全教师绩效考核的规章制度，把教学目标完成情况作为教师绩效考核的重要参考依据，与教师经济利益挂钩，与专业技术职称评聘挂钩，与教师荣誉挂钩，科学地评价教师教学业务能力。

（二）激励教师

要发挥目标管理在教学管理中的激励功能，通过对教研组、备课组、班级任课教师的“团队式”考核，把教学质量与教师个人背后的集体挂钩，激励大家共同为一个目标而奋斗。还要通过对教学过程和目标结果、目标结果和起点基础的“捆绑式”考核，看到教师背后辛勤的劳动和付出，激励教师树立信心，轻装上阵。

（三）发展教师

要发挥目标管理在教学管理中的引领功能，通过建立结果和过程相结合的发展性评价，关注目标结果，更关注教师的成长，不断提高教师行为动机、行为程序、行为结果的认知能力，强化正确的价值取向，明确自己的努力方向，促进教师更好地发展。

第三节　教学的组织管理

教学工作是学校所有工作的中心环节，能让学生在原有基础上有所提高，得到全面而有个性的发展，是反映一所学校教育教学工作质量的重要指标。把更多学生送入高等院校，具备为国家担责、为人民服务、为终身发展奠基的能力是中小学义不容辞的责任，在这一点上，学校还是有共识的。但在现实中，中小学教学工作大多呈现“喊在嘴上很重要，落到实处轻飘飘”等现象，究其原因，主要有：有的学校领导忙于烦琐的事务，缺乏对学校教学的潜心研究和系统把握；有的学校领导热衷于“炒概念”“树理念”“搞形式”，缺乏对学校教学的深入调研和科学指挥；有的领导紧抓人事、资金、项目、关系，把教学工作委托给分管干部而“一放了之”，缺乏教学工作亲力亲为和真抓真干的行动，等等。凡此种种，导致教学工作无法落实和深入，严重阻碍了教学质量的提升。教学的组织管理就是要强化学校对教学的集中、统一领导，集成各方面力量、调动各方面资源，形成以质量为核心的全员、全程、全要素的管理态势。

一、提高校长教学领导力

教学是学校主要任务，教学领导力是校长领导力的重要内容，一个优秀的学校往往有一个精通业务的“内行”校长。学校校长也只有树立专业领导意识，在学校树立专业领导的地位，才能赢得教师衷心佩服、认可和尊重，才能引领学校提高教学质量。

（一）主要领导要亲自抓

俗话说：“老大难老大难，老大抓了就不难。”校长要把主要精力放在教学上，真正把教学工作放在学校所有工作首位，必须经常走进课堂，坚持听课、评课，了解和领导课堂变革。要定期召开教学质量专题会议，分析研判教学形势，协调解决出现的问题，不断提升领导课程和教学的能力水平，以“抓铁留痕”“踏石留印”的决心和作风，真抓实干，为教学质量提供强有力领导保障。

（二）大兴调查研究之风

学校主要领导要建立联系教研组、备课组、年级组制度，要亲自走进各年级、各班级、各教研组，深入开展听课评课活动，积极参加一线各部门各项活动，适时组织召开教师、学生、家长座谈会和情况分析会，掌握第一手资料。要帮助教学各部门以问题为导向制订质量提升方案，完善评价、考核、分配等各项制度，帮助做好教师思想教育和师德师风工作，协调学校各部门解决教学实际困难。

（三）要大兴学习之风

学校领导班子要建立学习中心组制度，带头学习教育理论和教育政策，跟踪国内外教育动向，学习先进经验，提升领导干部的教学理论水平。要组织全校、教研组、备课组教师进行通识培训、案例分析、专项学习，组织开展教学研讨，促进教师内化和吸收，把学校建设成学习型组织。

二、健全组织机构和制度

与教学管理密切相关的是教学组织管理，完整、有效、性能良好的教学组织系统能够提高教学管理工作的有效性。教学管理部门的职能发挥得怎么样，直接关系着教学管理的效能发挥和教学质量的提高。当前，学校教学管理部门的人员往往由因身体、年龄、能力等退出一线的二线人员担任，在教学管理上存在制度不全、职责不清、目的不明等问题，造成“不想管”“不能管”“管不了”等现象，导致教学管理效果受到影响。教学业务部门是学校教学的直接管理部门，责任重大，不仅要发挥好为教学服务的功能，更要发挥好教学管理的功能。

（一）建立学校教学组织机构

要建立由学校主要领导担任组长，学校班子成员、教研组长、年级组长担任成员的教学领导小组，健全教务、教学、课程、科研、评价等方面的执行机构，完善教研组、备课组等研究机构。要选聘学识水平高、教学业绩好、学习研究能力强、组织协调管理能力突出的教师专职或兼职负责管理工作，进一步明确人员职责、发挥每个人的特长、能力和作用。

（二）健全教学规范和管理制度

学校要建立教学研究分析例会制度并形成常态化、规范化，切实提高研究、指导教学能力；加强巡课、评估、检查、展示等工作，充分发挥管理功能；加强实验室、图书馆、信息中心等领域建设，大力提高服务保障能力；加强教学信息、教学情报、教学资料的收集、处理等方面工作，提高教学资源供给水平。

（三）发挥教研组织的作用

教研组、备课组是各科教师从事教研活动的最基本的组织形式。教研活动进行得好与坏，直接关系到教学质量的高低。学校要加强和规范教研组、备课组活动，及时开展集体学习培训、强化集体备课、落实听评课活动、研讨教学问题、组织课题研究、进行业务考核等教研活动，发挥业务部门在资源共享、互通有无、交流提高等方面的作用和功能，更快地提高教师专业水平和实践智慧。

三、加强对教学计划管理

教学计划管理是指执教者为了实现预定的教学目标，按照国家课程设置方案的统一要求，依据课程标准和学校课程安排，按照学期时限，制定的教学进度、教学内容计划以及指导、控制、总结、评价教学实践及其成果的活动，包括教学计划的制订、执行、修改、原则及要求等。教学计划管理是教学管理的起点，也是提高教学管理效率的基础。目前，学校普遍缺乏对教学计划管理重要性的认识，有的没有要求，导致教学行为随意；有的制订不科学，导致教学难以执行；有的流于形式，停留在学期初要求教师写出教学计划上，对计划的全面性、可行性、落实上考虑得还不够，等等。这些问题都影响了教学计划的权威性、严肃性，导致教学行为的随意和低效。

（一）制订学校教学计划

在明确教学工作岗位后就要指导教研组、备课组，组织教师在研究课程标准、通读教材、学习上级要求的基础上，制订出本学科、本年级的教学计划，构建整个学期教学的框架蓝图、时间图、路线图，为本学科、本年级教学提供基本遵循，为教师制订个人教学计划提供依据，树立教学计划权威性。

（二）制订个人教学计划

教师按照学校、教研组、备课组工作提出的要求，结合授课班级实际情况，制订出个人教学计划，要具体到学期、月、周、课时的教学内容、教学方法。同时，还要指导学生制订出一学期的学习计划，使学生的学习有目标、有计划，能够配合教师教学开展学习活动，树立教学计划的科学性。

（三）强化教学计划落实

教学计划要实行签字确认制度，对不符合要求、考虑不周到、安排不到位、措施不具体的教学计划要重新制订。在教学过程中，教学计划要保证稳定性，确因客观情况发生变化需要改变的，需要向学校业务部门做出说明，经批准后方可改变。

（四）及时进行评估反馈

学校要对教学计划的实施建立中期、后期评估制度，确保教学计划得以贯彻实行，树立教学计划的有效性。开学初，要对教师备课情况进行全面评估；学期中，要对各任课教师教学情况和每名学生学习材料进行中期评价；学期末，要对教师教学效果、学生学习效果进行后期评估。评估的资料主要是看师生教学案文本、作业的数量、质量和保管使用情况，评估结果要作为对教师评价、学生评价的重要依据，必须予以反馈。此外，还要对年级、班级、学科进行随机式检查，以确保教学计划贯彻到平时，落到实处，要建立教学评估与教学结果相互参照的机制，探究两者之间的内在联系，为建立学生质量保障体系提供原始案例。

第四节　教学的课表管理

学校课表又名“课程表”。它规定了教学科目安排、运行和节奏，是对教学活动中人力、物力、时间、空间和信息的总调度，是各种教学计划的明细化，课表是学校组织与实施教学的主要依据，是教学工作得以正常运行的重要保证，是整个教学活动中的重要环节。课表编排得是否合理、科学，执行得是否规范、严格，直接关系学校教学秩序的稳定、教学质量的提升、教学资源的利用。

一、课表编制原则

课表的编制是一门专业性很强的技术，学校要根据国家课程方案和学校教学计划，对课程进行整体优化组合，要注意处理好全局和局部、个人和集体、学科和学科的关系，实现时间、空间、人力的最佳搭配，保障学校教学顺利进行。

（一）法定性原则

课程的设置是国家事权，体现国家意志，不得随意变通。编制课表应以国家和上级业务部门下发的课程方案为依据，严格按照规定的课程名称及学期总学时、周学时来编排，开足开齐课程，不得随意增减课时量。

（二）稳定性原则

课表在教学工作中应具有“法律”效力，任何人不可随意变动，如有特殊情况或临时性活动需要变动的，需经学校批准方可调整。调整后的课表要及时通知学生、教师，甚至家长积极配合，缺失的课要及时补上。

（三）科学性原则

具体安排各门课程时，应充分考虑学生的接受能力及课程的性质特点，科学搭配、适当间隔、动静结合，符合学生生理特点、学习规律，以减轻学业负担，提高教学效果。

（四）合理性原则

编排课表时要充分考虑教师的合理要求，若因条件限制不能满足时，任课教师应该服从整体安排，以确保教学活动的正常进行。要充分考虑教师培训、进修、怀孕、哺乳、年龄等因素，在原则范围内予以照顾。

（五）民主性原则

编排课表前要注意听取广大教师特别是教研组长的意见，要考虑给教研空出一些共同的时间，以便教师集体备课和开展教学研究。要注意让担任多班授课教师的教学时间保持适当间隔，以便学生有时间预习、复习和完成作业，也给教师留出时间进行备课和批改学生作业，还要便于教师统一任教班级的教学进度。

（六）统筹性原则

编排课表时，要考虑教学仪器、场地、器材和其他设备的分配和使用情况，使教师有时间准备实验、实践活动，确保上课时不发生场地、设施设备、仪器器材的冲突，以提高上课效果和充分利用资源。

二、课表编制方法

课表编制是一门科学，在编制时要深刻把握教育学、心理学规律，全面了解各学科的要求，充分考虑教师的知识水平、教育教学能力、年龄层次、学历结构等因素，进行合理调度，科学编制。

（一）根据课程的性质编排

原则上先理科后文科，先基础课后其他课。学时的课程可以单双周排课，每周有两学时的课程间隔两三天排，每周有三学时的课程间隔一日排，每周有五学时的科目除作文课外，一般不两节连排，以每天一节课为宜。

（二）根据学科特点编排

原则上一天之内同一班级同一门课程不得连排四节课，难度较大的学科安排一定的时间间隔。要统筹搭配理科类和艺术类、文科类和体育类、课堂教学类和活动类、作业多与作业少的学科，自习课应安排在作业较多的课程之后。同时，还要考虑跨班、跨年级教师的课交替安排。

（三）根据教学规律编排

原则上跨两班及以上教师的课表在当天要相对集中排，每天要留出连续两节以上时间用于备课或作业批改等活动，同时能确保进度的一致性。同年级同进度的不同教师任教的学科，应把老教师的课排在前面，便于年轻教师先听后讲。同一教研组、备课组教师要在每周留出半天不安排课，作为教研活动时间。

（四）根据学生生理特点编排

每天的第二、三节课和每周的二、三、四这三天学生学习效率最佳、师生精力最旺期，原则上应安排基础类学科。抽象、枯燥、需注意力高度集中和深刻记忆的课程安排在上午，生动形象、容易记忆的课程安排在下午。

（五）根据教师情况编排

原则上先安排班主任课再安排其他教师课，先安排兼课领导课后安排任课教师课，先安排跨年级、跨学科的教师课后安排跨班教师课，最后再排一个教学班教师的课。对于教师进修学习、年老体弱病、孕产哺乳期等特殊需求的教师，在同等情况下可以优先满足个性需求。

三、课表的实施

课表的实施是非常严肃的事情，课表确定下来后就是教师教学、学生学习的蓝图和基本遵循，如果随意变动，会打乱教学秩序，影响学生学习。因此，学校要严格实施课表的管理，不经允许不能随便调整、变通，以确保教育教学秩序的正常进行。

（一）实施前

学校业务部门要履行管理责任，提高事业心和责任心，熟悉本学校教室分配和任课教师情况，熟悉学科的相关要求，支持采用手工编排和信息技术排课系统相结合的方式编制课表；编排课表时一定要认真细致，排好后要仔细校对，不允许有冲突现象；课表正式确定之前，各年级、各任课教师应对课表认真审核，发现问题及时沟通解决；课表在每学期开课前一周提前下发，便于教师和学生准备教学。

（二）实施中

课表分学校总课表、班级课表及教师课表，学校业务部门、教研组、备课组应备有所辖任课教师课表，以便掌握教师的授课时间，方便统筹安排听课和组织各种教学活动；课表要保持相对稳定，全体教师都必须严格按照课表开展教学活动，未经业务部门同意，不得擅自调课、停课；学校、年级组、教研组、备课组要经常检查督促课表实施，不能出现撞课、空课、缺课等情况。

（三）实施后

学校要经常了解师生对课表实施的意见反馈，针对存在的问题和客观情况的变化，及时进行课表调整。教师按照课表上课的工作量是教师考核和绩效工作发放的重要依据，业务部门要如实记录，公正核算。每期的课表是学校重要的教学资料，要及时归入教学档案，妥善保存。

第五节 教学的过程管理

教学过程包含备、讲、批、辅、考、评、纠等环节，教学效果的优劣与教学过程有着密切关系，严密、科学的教学过程管理直接关系着国家课程标准的落实，关系着教育教学效果，关系着学生学习实际获得，关系着教学质量。教学过程管理是指学校要从学生的思想教育到各类活动的开展、从教师的备课到课堂授课、从作业的批改到培优补差、从考试的组织到考后对学生个人成绩的分析等教学的全链条、全要素上，进一步明确工作标准，规范教学行为，落实检查措施，以期达到预期效果。教学管理一般可分为三个部分：课前管理、课中管理和课后管理。

一、课前教学管理

教学不是单纯课堂上课，课前准备是“上好课”的前提和基础，其中最为重要的是教师要“备好课”。学校要把对教师备课进行有效的管理作为高质量教学的起点，进一步明确集体备课的要求，规范集体备课程序，优化集体备课的内容，提高集体备课效果。

（一）要“备好课”

备课要依据教学案一体化方案，做到“八备七统一”，即：备课标、备教材、备结构、备单元、备教法、备学法、备问题、备训练，统一时间、地点、计划、进度、练习、资料、测试。在集体备课时，教研组要根据任课教师实际情况，分配好课题研究、资源供给、单元备课、作业测试等教学任务，然后要进行充分的集体研讨、磨课改进和课前教研，做到既有分工又有合作，让课堂教学既凸显个人智慧又体现集体力量，既节省时间又提高效率，确保提高教学质量。

（二）要“把好关”

教师备课的内容要实行教研组长负责制，必要时学校要对各教研组备课质量进行抽检和评估，确保其符合国家课程标准要求。要积极实施“大单元”备课、“结构化”备课，把握好教学内容的高度、深度和广度，探索实施“启发式”“互动式”“探究式”教学方法，实现新授课知识在“点”上突破、能力在“面”上形成、素养在“活动”中产生，确保集体备课质量。

（三）要“候好课”

学生每天要学习多门课程，每节课都要有一个转换过程。上课前，教师应提前一分钟到达教室门口，及时指导学生准备好学习用品，做好本节课的上课准备工作。当学生全部进入教室以后，教师应站在教室门口向全班学生扫视一眼，表示教师即将上课，引导学生迅速完成课程转换，集中注意力准备好新课。教师“候课”是上课的无声命令，它能起到意想不到的组织效果，保证教学的正常进行。

二、课中教学管理

课中教学是课堂教学的关键环节，也是教学管理的重点。学校要建立巡课制度，管理人员要深入一线，及时了解教学信息，掌握第一手资料。了解教学信息不能仅停留在走马观花上，要深入课堂，要加强调查研究，要在教育测量学原理的指导下，开展一些有价值的教学调查活动，了解教学动态，从而更好地发挥为教学服务的功能。同时，还要建立教学分析研判制度，把了解到的信息，调查后的结果及时进行汇总，对共性问题要及时上报学校研究解决，对个性问题通过适当的方式反馈给任课教师。课中教学管理重点在于以下几方面：

（一）做到“心中有标”

教师上课要遵循教学案一体化设计方案，以“课标为标，以课本为本，以学生为中心”，这本来是教学中的常识，但实践中发现相当一部分老师本末倒置，以教辅材料为准，被复习资料牵着鼻子走，做很多无用功，还嫌课时少，学生笨，进度推不动。个别教师不能按照学校要求使用教学案，讲练分离，学生主体地位得不到有效发挥。

（二）做到“目中有人”

教师上课要面向全体学生、针对中等生、关注优秀学生，艺术地把复习旧课、讲授新课和学生思考、讨论、质疑、练习等一系列的教学过程巧妙地穿插安排，满足不同层次学生需要。要引导学生开展探究式学习，自己建构知识，让学生体验知识产生的过程，感悟知识在生活中的实际价值，激发学生的求知欲望。

（三）做到“手中有法”

教师要积极改进教学方法，创设问题情境，注重师生互动，生生互动，教师要不断提高教学艺术，语言表达要明确具体，让学生听后明确该做什么，还要圆润清晰、温和可人，学生听了舒服，愿意服从。教师要学会走下讲台，使用手势、眼神、表情等体态语和教师自身的魅力进行课堂教学。要科学运用现代化手段，优化课堂结构，提高教学效率。实验课要避免纸上谈兵，必须到实验室去上，让学生动手操作，真正理解原理，提高能力。

三、课后教学管理

下课铃不是课堂教学的结束，而是巩固知识、内化吸收、迁移运用阶段的延伸，是教学管理中不可忽视的重要环节。

（一）加强作业管理

教师应根据授课内容的重点、难点布置适量的作业，布置作业时要以质取胜，避免简单的重复，达到及时组织学生巩固新授课程，预习未授课程的目的。目前主要存在的问题是作业不加选择、不讲梯度、布置盲目、批改不到位等情况。这样的作业既浪费了时间，又挫伤学生的积极性。课后作业要提倡“教师下题海，学生驾轻舟”，就是指教师要对作业、练习、习题进行分类，区分层次，选择代表性强的作业进行布置和批改，这样作业就能够精简，教师也能批改到位，达到课后教学的目的。

（二）重视纠错训练

教师要指导学生把做过的作业、试卷、练习当成重要的资料保存起来，要常翻常看，不但要阅读，更要研读。教会学生不仅要完成作业数量，更要善于归类总结，做到从“类”的水平上来把握训练。教师要能够从以前的作业、训练、试卷中，摘编出一些试题，特别是学生易错题，重新加以综合，进行专项测试，对覆盖面广、多样灵活，融记忆能力、理解能力、分析比较能力于一体的知识点可以进行每日一题、知识竞赛或者专项限时训练，达到举一反三的效果。需要注意的是这种训练不能太及时，要过一段时间，等遗忘产生时再进行。这样做不但有利于唤起学生再记忆，形成永久记忆，把浅层次的模仿变为深层次的理解；还有助于培养学生良好的学习习惯，真正做到“温故而知新”。

（三）进行及时训练

根据遗忘规律，教师要做到“堂堂清、日日清、周周清、月月清、单元清”，通过当堂小测、抽测、单元达标阶段检测等方法，通过快速批改、快速反馈，及时进行强化巩固。要加强教学案一体化教学改革的力度，完善学生对教学案的完成、使用、保存等各个环节，提高使用效果，做到小步快走，以达到“操千曲而后晓音，观千剑而后识器”的目的。

四、教学资料管理

荀子在《劝学篇》中说“君子生非异也，善假于物也”，教学资源是高质量教学的重要支撑，对于教师教学、学生学习和提高教学质量具有重要作用。学校要坚持育人为本，坚持统筹规划，善于集成创新，强化应用导向，加强优质教学资料的积累、遴选、保存和应用，为教师开展线上和线下教学提供高质量教学资源。

（一）增加电子资源

今天，中小学的电脑、网络、闭路电视、广播系统、录播系统、电教器材等一应俱全，但它们功能的发挥还不够充分，和教学融合需要进一步加强。教师要熟练掌握并能够运用各种信息技术设施设备，能够开发和教学案一体化教学设计配套的课件、视频资料库，提高多媒体设备的使用率。教师要积极学习新技术，能够运用大数据对教学、学习情况进行记录和分析，并用以指导教学改进。教研组开展听评课活动、教学竞赛活动时，要把使用多媒体作为一项指标来评价，引导教师充分重视信息技术提高教学效果。需要指出的是，多媒体具有教学直观、形象、可保存、可复盘、可追溯等优点，会增加课堂教学的容量，提高课堂教学效果，但也存在影响视力、给学生思考时间不够、教学节奏过快的弊端。我们要认识到多媒体只是课堂教学辅助手段，不能完全代替板书、演板等教学活动，教师不能产生多媒体的路径依赖，要科学设置内容，把握使用时机，合理控制使用时间，做到“人机合理结合”，提升多媒体在教学中应用效果。

（二）增加图书情报资源

图书馆、阅览室要有计划地增加不同版本、不同时期的教材数量，供教师研究、比对，提高教材研究和加工能力。要发挥教研组、备课组、教师的力量，根据教师、教学所需，大幅度提高所需的图书、杂志的种类和数量。要提高图书情报应用效率，既可以配置给教师或者供教师借阅，供教师了解国内外教育动态，学科发展趋势，提高学习能力，也可以开展阅读、交流、研讨活动，对经常借阅的教师，要及时通报表扬，引领学习风尚。

（三）增加实验实践资源

学校要加强实验室建设，配置好配置齐仪器设备，及时补充各种耗材，保证演示实验、操作实验开足开齐。实验员要研究相应学科的教材、课标，对课标中要求的演示实验、操作实验要列出清单，并以此督导落实相关教师实验课的进行情况。要大力加强体育、美育、劳动、科学、技术等功能室建设，解决好在什么地方上、谁来上、上什么等问题，为培养学生创新和实践能力，促进学生全面发展做好保障。要整合社会资源，建立工厂、企业、农村、军队、博物馆、展览馆等实践基地，开展好实践和体验活动。

（四）注重教学资料的收集整理

学校要列出教学资料清单，加强教学资料的收集，注重教学资料的积累，形成教学资料的管理规范化、常态化、日常化。这不仅是以备上级检查之需，不至于每年教学工作检查的时候东奔西跑，更是教学可持续发展的要求，教学工作也要像芝麻开花节节高一样，不能总是在原地转来转去。

总之，教学管理是一门科学，面对新课程、新课标、新任务、新挑战，我们要勇敢面对教学工作中存在的问题，一步一步来，一块一块啃，不折腾、不浮夸、不做假，踏踏实实，一步一个脚印，一定能够为教学改革打开广阔的前景，提供有力的保障，取得良好的效果。

第七章　高质量教学科学研究策略

教研工作是我国基础教育在长期实践中总结出来的行之有效的经验，是高质量教学的重要保障和专业支撑力量，在教育教学改革、推进课程建设、指导教育教学、提升教师队伍水平、保障教育质量等方面发挥着举足轻重的作用。2019年，中共中央、国务院印发《关于深化教育教学改革全面提高义务教育质量的意见》，第一次对中小学教研工作提出明确要求；同年，教育部印发《关于加强和改进新时代基础教育教研工作的意见》，对教研转型发展做了进一步的工作部署。当前，义务教育和普通高中新课程均已颁布实施，中小学教师队伍建设、中高考制度、办学质量评价等方面改革效益正在日益呈现，中小学教学已经进入了一个高质量发展阶段。面对新目标新形势新任务新要求，中小学需要高度重视教研工作，进一步完善教研机构体系、健全教研队伍、探索科学的教研方式、加强教研条件保障，提升教研效果，全面系统地规划和部署教研工作，为引领教育教学改革，构建教育高质量发展体系作出贡献。

第一节　教学研究的意义

教研工作是提高课堂教学的有效性、提高教育教学质量、推动广大教师专业发展的重要途径。教研活动的主要载体是教研组（备课组），涉及集体备课和研究、教学过程实施和调控、教学业务的学习和培训、教学活动的组织和开展、教学质量的检测和评价等方面。学校要不断加强对教研活动的管理，深化教学研究，构建科学、有效、规范的教研体系，推动学校教学工作迈上一个新台阶。概括地说，教研工作重要意义有以下几方面：

一、引领正确教学方向

教研工作承担着指导学校教育教学改革、提升教育教学质量的重大使命，是改进教育教学方式、促进教师专业成长、提高学生综合素质、落实教育管理决策的强有力的专业支撑。学校教研工作立足于学校最基层的课堂，面向一线最生动的实践，能够以问题为导向，不断深化对教材、教法、教学内容、教学策略、教学机制、教学评价等方面的研究，保证教学遵循教育规律，把握教学方向，建立科学的质量观、学生观、教学观，在教育教学各领域、各方面、各环节强化学科育人功能，为教育教学提供坚强保障。

二、提高教师业务水平

教师是实施教学的主体，教师业务水平和能力直接关系教学质量。教研活动通过立足本学科和学生实际，以实施新课程新教材、探索新方法新技术、提高教师专业能力为重点，通过开展新的教育政策、教育理念、新课标、新教材、新课程、新中高考等相关业务学习，并结合本学科专业特点组织研讨，能够统一思想，提高认识，团结和凝聚教师，铸师魂、强师能、精师技，不断提高教师专业水平。同时，教研活动还能够发挥优秀教师的示范作用，通过建立“师徒制”和“一对一”帮扶等制度，持续开展教学指导，帮助教师共同成长，提升教育教学质量，打造一个高素质的教师团队。

三、提高教育教学效果

教育教学工作是高度复杂又充满智慧的活动，教育教学的效果要通过每一个教师的教学实践来显现。教研活动能够组织教师对课程、备课、课堂教学、作业、辅导和考试评价等关键环节进行深入研究，通过落实“五备五统一”，即：备大纲、备考纲、备教材、备教法、备学法；统一计划、进度、练习、资料、测试，凝聚集体的智慧，发挥集体的力量，帮助教师准确把握教学重点、难点，设计出合理、优化的教学方案，创新教学组织形式和教育教学方式，提升课堂教学有效性。同时，也有助于形成以研促教、以教推研的学术氛围，推动建立以改进为导向的教研活动机制，形成课标引领下的备、教、学、评一体化的教学格局，有力地促进教学质量提升。

第二节　教学研究的方法

教学工作是一项研究性很强的工作，贯穿教学、学习和研究三种主要活动形式，三者始终伴生，相互作用，共同推动教学工作向前发展。为此，教研工作应坚持以实践为基础、以问题为导向、以提升质量为目的，通过在实践中不断发现问题、在研究中解决问题，并善于从中总结经验和规律再指导实践。教研就是要在教学实践中发挥科学研究的作用，坚持从实践到理论，再从理论到实践的方法论，不断提高教研的针对性、实效性，提升教学质量。概括起来，教研的方法有以下几种：

一、诊断式教研

教研不能脱离教学而存在，其重要的价值是对教学的“诊断”和“改进”。学校要坚持每学期组织示范课、公开课、研究课，大力开展听课、评课、说课的课例研究，通过教研组（备课组）对教师课堂进行“面对面”的交流和“集体会诊”，帮助教师制定教学改进措施，并在随后的跟踪听课中检查教师改进措施落实情况，促进教师教学水平和能力的提高。要开展课堂教学大赛、作业设计大赛、综合知识竞赛、质量调研考试等竞赛，以赛促改、以赛促评，发现并推广优秀的教学成果，创新教育教学方式，打造高质量课堂。

二、主题式教研

教研要有明确的主题，知道要“干什么”，“漫谈式”和“碎片化”的教研既浪费时间又没有效果。学校要围绕提升课堂教学效率、改进教学方法、指导学习方法、信息技术融合、教材分析和研究、课标解读等不同的主题开展集体备课、校内研讨课、头脑风暴等教研活动，找准问题，破解教学困惑。要落实一线规则，注重实践研究，积极参加区域教研活动，探索信息技术环境下的网络教研、综合教研、主题教研范式以及教学展示、现场指导、项目研究等方式，提升教研工作的针对性、有效性。

三、课题式教研

教研重要的功能是解决问题，教学实践中出现的问题往往有其复杂的原因，需要系统进行研究，探寻到其实质和规律，才能得到根本解决并转化为推动教学变革的动力。学校要聚焦发展需求，坚持以课题为引领，加强学理研究、实证研究、比较研究、跨学科研究，把握学科教学的方位和任务，不断拓宽研究的广度和深度，努力探索教育本质和规律，以课题研究推动破解教育发展中的重点、热点、难点问题。要坚持问题为导向，针对本学科教学中的困惑和问题，凝聚集体力量，开展科研攻关，通过查阅文献、研究方法、验证效果的路径，达到攻克难关，提升质量的目的，真正把教研与科研结合起来，以教研促科研，以科研促教研，不断创新教研方式，提升教研水平。

第三节 教学研究的保障

高质量教学对教师专业素质和教学创新能力提出了更高的要求，教师不再是既定计划课程的执行者，而是课程的开发者和创造者；教师不仅仅是既定教材知识的简单阐释者，更应关注活生生的具有个性化的学生，成为学生建构自己知识经验和精神世界的帮助者。在实践中发现，新的教育理念、学习观、教学观、课程观、教材观、教师观等能很快得到教师的赞同和理解，但把这些理念用在教育教学实践中，却产生了那么多的实际困难和疑惑，这些困难和疑惑因校、因人而异，千差万别。为此，需要进一步强化对教研工作的组织领导，坚持以问题为导向，发挥教研的力量，通过集体攻关或培训来解决。具体应从以下几方面加强教研的组织工作：

一、领导要重视

学校领导要高度重视教研工作，将其摆在更加突出的重要位置，切实加强工作指导，保障教研工作有效开展。学校要建立干部联系教研组（备课组）的制度，要求学校领导干部亲自深入教研一线，走下去了解实情、静下来思考对策、沉下去解决问题。学校要定期对教研工作的组织与管理、条件与保障、进展与效果进行检查指导，及时研究解决教研工作中遇到的困难和问题，调整教研工作方向，积累、总结、推广行之有效的经验。学校要完善考核评价和绩效激励制度，保障教研队伍工资待遇，加大绩效分配向教研倾斜办法，建立教研成果表彰奖励制度，对作出突出贡献的教研组（备课组）应予以表彰奖励。学校领导要带头参加教研活动，可以按自己的专业按时参加本学科的教研活动，引领学校教研氛围的形成。

二、队伍要专业

人才是最宝贵的资源，做好教研工作，需要加强教研队伍建设。要按照专业标准和准入条件配备好教研队伍，遴选政治素质过硬、事业心责任感强、教育观念正确、教研能力较强、职业道德良好的教师担任教研组长（备课组长），建立充满活力的教研队伍。要进一步搭建教研队伍成长平台，完善成长机制，通过和高校联合培养、学历进修、设立重点研究项目、开展课题研究、到上级教研机构担任兼职教研员等方式，有计划开展教研队伍培训，促进教研队伍专业发展，提高教研能力和教学指导水平。

三、活动要规范

教研工作主要靠教研活动来开展，规范的教研活动是教研质量的重要途径。学校要紧紧围绕学校的中心任务和学生学情，以大面积提升本学科教学质量为核心，制订好本学科教研组、备课组学期工作计划，计划要具体到周次，明确时间、地点、内容、目的、形式等要点，统一上交学校业务部门。要根据工作计划提前一周安排教研活动，定时间、定地点、定主题、定主讲人，原则上不得以任何理由随意变动，也不得随意占用教研活动的时间。所有教师都应按规定准时参加，不得迟到、缺席会议，有病、有事应事先向组织者请假，无故缺席者按缺勤处理。教研活动要认真收集、积累材料，每次活动都要有详细的活动记载，及时归档，学期结束时按学科分类装订成册，形成专辑。每学期学校要组织对教研工作进行评价和考核，其结果将作为评定优秀教研组（备课组）的重要依据。

四、保障要有力

资源、资金、评价是开展教研工作的保障，学校要提供强有力的支持。要设立教研工作专项经费，通过竞争性经费和稳定支持经费相协调的投入机制，加大教研工作支持力度，保障教研机构日常运转、教研活动开展、课题研究的经费需要。要积极建设教学资源信息库，通过原创和引进等方式，给教研工作提供必要的教学参考资料、课件、优秀教学设计、课堂实录、试题、不同版本教材等资源，不断积累、丰富教研资料。要大力构建线上交流共享的平台，充分利用信息技术手段开展教研活动。学校要科学设置教研工作评价标准，建立以实际贡献为导向的评价体系，及时发现、总结、推广各教研组（备课组）典型经验和有价值的成果，促进教研工作科学化、专业化和规范化发展。

第八章　高质量教学校本研修策略

校本研修是教师在职教育的一种重要形式，既是传统教师培训的继承和发展，但又与其有显著不同。传统的培训大多是“大而统”“满堂灌”“填鸭式”的讲座式培训，方法单一僵化、缺乏活力，培训内容陈旧、针对性和实用性差，参训教师与培训者之间缺乏真诚对话和交流的平台，双方难以产生共鸣，出现了培训者站在圈外“讲”培训，参与培训的教师站在圈内“听”培训的现象，无论在培训模式上还是培训的实效性上都存在着脱离教师专业化成长需求、脱离教学实际的问题，不能满足教师的不同需求。

高质量教学的校本研修指的是以教师任职所在学校为基本场所，以任教的学科和学生为研究对象，以促进本校教师、学生和学校的发展为根本，以提升教学质量为目的，围绕本校、本人、本学科的教育教学实践中遇到的困惑或问题，通过自我研修、专家指导、同伴互助，达到解决问题、指导实践，改进教学行为，提高教师的专业修养水平，促进教师自主成长的一种教师教育形式。中小学要高度重视校本研修工作，从满足教师自身个性化专业发展需求出发，立足教学实际，力求取得实效，促进教师专业发展。

第一节　校本研修的意义

校本研修和教研同等重要，但又不同于教研，具体表现在：从对象来讲，不是面向部分骨干，而是要面向全体教师，着力提高全体教师的专业发展水平和教学创新能力；从内容来讲，不是简单的研究教材与教法，而是既要宏观把握改革方向，又要研究微观的操作技术，特别是要研究教师教学实践中的真实的、有意义的问题；从组织形式来讲，不是简单的自上而下，指挥教师搞研究，而是自下而上与自上而下相结合，以教师为主体，开展教师间的合作互动式研究；从活动方式来讲，不是简单的听课评课，而应该是围绕实践中的问题，开展学习、研究、实践、反思，把学习、研究与行动跟进结合起来。概言之，校本研修对于高质量教学具有以下重要意义：

一、有利于提高教师教学能力和水平

学校教学工作周期长、涉及面大、情况复杂，学校之间、学科之间、教师之间差异较大，统一组织的培训不可能面面俱到，一些个性的问题就只能通过学校、年级组、教研组、备课组的校本研修加以解决。校本研修坚持“学用结合”，以学校为主体进行管理和组织，更利于针对学校和教师实际，通过确立研修目标、明确研修内容、丰富研修方式等途径，解决实际问题，提高教师教育教学能力，全面提高教师素质，提高教育质量，推进学校改革和发展。

二、有利于提高教师参与的积极性

校本研修的人数相对较少，不仅有利于明确教师参与的义务和责任，而且增加了教师的参与机会，有利于形成教师的主体意识。同时，校本研修的主题集中在教育教学实践中生成的问题，能够和教师个人成长更加紧密结合起来，教师的经验和问题更容易受到重视和关注，教师的参与积极性更强。更为重要的是，校本研修有利于满足不同层次教师的学习需求，研修成果可以直接内化为教师的教育教学能力和教育教学效益，能促进教师继续教育内在动机的形成。显而易见，校本研修在提高教师参与继续教育的积极性，提高教师继续教育质量上具有独特优势。

三、有利于解决工作和学习的矛盾

教师承担着繁重的教学任务，工作比较繁忙，为参加学习培训，不少教师不得不调课、停课，影响了正常教学秩序，造成“工学”矛盾。校本研修以学校为阵地，因校制宜，内部挖潜，学校、教师都可以根据自己的实际情况选取适合需要的内容，通过采用案例分析式、沉浸参与式、教学反思式、诊断反馈式、网络交流式等机动灵活的方式，有的放矢地完成研修任务，在一定程度上可以解决时间冲突所产生的矛盾。

四、有利于学习型组织建设

校本研修改变了过去脱产才能学习的陈旧观念，让学习不再是孤立的活动，而成为教学工作的核心。校本研修把学校作为研修的场所，把课堂作为学习的场所，教师不必抛开工作抽出时间来专门学习，而是在教学的过程以工作中遇到的问题为学习动机，通过工作能力的变化和工作效益的提高体现学习的价值，实现学习与工作有机统一，有效激发教师学习积极性。同时，校本研修强调教师间的协作与交流，注重教师互帮互学、互教互学、互相激励、比学赶帮，能够极大促进教师群体从授课、辅导、出题、评卷的事务型组织向学习型组织发展。

第二节　校本研修的方法

校本研修要坚持以新课程、新课标、新教材、新考试改革为方向，以自我反思、同伴互助、专业引领为核心要素，立足实际，聚焦课堂，努力实现新理念向教学行为的转化，切实解决本校教师在高质量教学实施中所面对的各种具体问题，不断提高学校研训工作的质量和教师自主发展意识，为学校高质量教学做好师资准备。基于上述认识，校本研修应从以下几方面开展：

一、做好现状分析

校本研修区别于一般的教育科学研究，是教师改善自身行为的实践和专业成长的过程，它更强调研究主体的观念、价值、目的，具有情境性、多元生存性。学校教师专业发展现状因校而异、因人而异，差别较大，科学进行分析和评估，是校本研修的重要基础。

（一）分析教师年龄结构

教师由于年龄、学历、职称、工作年限的不同对研修内容的要求是不同的，学校要通过对教师年龄结构、学历结构、职称结构、工作年限结构数据分析，有针对性地选择适合不同层次教师研修的办法，更加精准地提供研修内容。

（二）分析教师专业水平

教师学术能力代表了专业成长的水平，学校可以通过对教师论文写作、刊物发表、学生辅导、课题研究、教学水平、业务竞赛和上级教研部门评价等情况，科学分析教师专业发展的阶段，打通年龄、职称等限制，为不同发展水平的教师布置适合的研修目标和研修任务。

（三）分析教师认知水平

教师的理想追求、师德师风、教育理念、职业认同、公共关系等都会深深影响教师工作的开展，学校可以通过问卷调查、个人访谈、自我剖析等途径分析影响教师专业发展的深层次问题，有针对性进行政治思想、师德师风等方面的研修，激发教师职业崇高的责任感、使命感。

二、确定研修目标

校本研修借助于观察、反思、行动三要素以及它们之间不断的循环，促进教师专业成长，其最终目的在于造就一支师德修养高尚、业务素质精良、教学技能全面、教学基本功扎实、具有较高的教育科研能力、适应高质量教学需求的师资队伍。

（一）要建立正确的价值追求

要以新时代教师职业道德规范为研修内容，持续开展教师的政治思想和职业道德教育，引导教师在教书育人中全面贯彻党的教育方针，坚持立德树人根本任务，培养德智体美劳全面发展的建设者和接班人，不断强化教师自我修养，持续提高教师师德师风水平。

（二）要提升教学专业化水平

学校要根据教师职业和专业基本功的要求，开展教学实践和技能培训，把课堂作为主要阵地，改革教学方法，优化课堂结构，提高课堂效率，努力形成优秀教师、名师层出不穷的机制。

（三）要建设学习研究共同体

学校要以教育科研培训为引领，以学校课题研究或个人课题为载体，支持教师开展教育科学研究，并提供必要的基本理论及方法的培训，为教师课题研究服务，促进教师在实践中逐步提高教育科研的素质。

三、开展行动研修

校本研修不仅仅是一种制度、一种方法，更是一种研究、一种行动。把实践行为看作一个研究的过程，在实践中开展研究，研究和实践合一，是校本研修的价值取向。

（一）研究和实践是一个统一过程

校本研修把教学本身作为实践行动又作为研究对象，要求教师通过对教学实践中生成的问题进行研究，从而解决教学中的困惑和问题，检验自己的教学行为，论证自己的教学思想，提高自己的教学水平。

（二）要唤醒教师的学习研究意识

校本研修的过程就是教师教学创造的过程，是教师职业价值的体现。校本研修不是传授给教师一些现成的研究方法，也不是站在学生、教材、课程、环境等工作对象的旁边，作为一名旁观者对外部的观察和描述，而是和对象融为一体，在互动中不断地反馈、调节、体验、改善自己的教学行为，在这个过程中唤醒、激发、诱导出教师“沉睡”的研究意识、创造潜能，感受到教育事业的价值、体味到教学的乐趣和自己生命的意义，这个过程也是教师获得思想认识的升华和自我价值实现的过程。

（三）要进行交流和分享

校本研修是一种人与人之间的平等合作和精神交流，是知识、经验、智慧、情感体验和人生的意义与价值的“共享”过程。校本研修是教师与课程的对话、教师与自身的对话、教师与教师的对话、教师与学生的对话，这种对话是平等的，对话双方不是各自陈述自己的观点和见解让对方无条件接受，也不是用一种观点来反对另一种观点，更不是将一种观点强加于另一种观点之上，而是彼此敞开自己的精神世界来相互倾听和沟通，在平等对话中，实现精神的交流和分享，实现教师教学行为的改善和专业水平的提高。

第三节　校本研修的内容

校本研修对象为承担教育教学、教育管理的在职教师及管理人员，要坚持“以校为本”的原则来确定研修内容。从校本研修的目的来看，研修是为了提高学校教学质量，提高学校的办学层次，提高教师的专业化水平；从校本研修的主体来看，研修的主体是教师，研究的过程是教师的课堂教学实践，是教师对自身的课堂实践不断地加以反思、改进，获得教学质量提高的过程；从校本研修的基础来看，研修的基点是学校，研究要扎根于本校的实践，以本校教师教学中出现的问题为出发点，解决现存的问题。基于上述认识，校本研修内容主要由必修、自修和选修三部分构成。

一、必修内容

教育者先受教育，教师需要终身学习，每位教师都应密切关注自身的专业发展，提高专业发展的自我意识。当前，新课程新课标新教材新考试对教师的专业知识、专业技术、专业能力提出了更高的要求，无论是新教师还是老教师都迫切需要加强学习，提升专业化发展水平。学校要根据教育发展的新形势、新要求，基于自身的实际需要，通过聘请专家或本校优秀教师在相对集中的时间段，围绕思想政治、师德修养、心理辅导、教育学理论、现代教育技术、课程理论、家庭教育和以学科为载体的新课标解读等特定主题进行的集中培训。必修内容要求全体教师都要参加，可以采用线上或线下的培训、讲座、报告、研讨等方式，开展有目的、有计划的系统培训，通过参与式、互动式、探讨式的学习，切实提高教师的专业素质，提升学校的教育教学水平。

二、自修内容

高质量教学的关键在于教师能够把先进的教育理念很好地运用到教学实践中，把科学的教育理论和知识内化到课程改革上，把研修成果落实到课堂效果上。教师根据自身的工作特点和兴趣爱好选择适合自己的研修内容、学习方式和学习时间，制订个人专业发展计划，寻找适合自己专业发展的途径与方法。自修以教师个体为主，主要内容有：围绕师德师风及教育教学规律、学生发展规律、教育改革前沿等进行的自主读书交流活动；围绕日常教学进行的教学展示、课例分析等教研活动，引导教师积极听评其他教师授课，主动向其他教师学习，在教研中达到相互促进、共同提高的研修目的；围绕学校教育教学中的实际问题自行确定的课题或参加上级组织的课题研究，引导教师开展有组织的科研，鼓励联合攻关、共同提高，以课题研究引领教师研修；围绕实践问题与教育教学理论的结合撰写和发表论文、论著，引导教师做到既要找准问题，又要有更上位的提炼与表达。

三、选修内容

校本研修因教师个体知识基础、经验背景、思维方式、观念信念不同而有差异，教师应以自己的教育教学活动为思考和学习的对象，从自己最困惑、最迫切需要解决的问题入手进行自主选修，在学习中自我监控、自我管理、自我反馈、自我评价，努力做到边学习边实践，边实践边反思，边反思边改进，边改进边提高，不断调整、充实和发展自我专业水平。选修以学校提供选修“菜单式”和教师个人选择相结合方式为主，主要内容包括指导学生社团建设、开发校本课程、参与师徒结对、承担展示课任务、参加各级赛课活动、进行学历进修和挂职锻炼、跟岗学习等。教师可以根据自己实际，针对自己发展“短板”，超越个人局限，选择不同的方式参与研修。

第四节　校本研修的保障

校本研修是学校助力教师专业发展的有效手段，是一种综合性较强的活动，需要学校整合各方面力量，不断拓展研修平台，进一步丰富研修资源，发挥教师的主体作用，助力教师成长。

一、加强组织保障

校长是校本研修的第一责任人，组织者是以校长为主的相关责任人和责任部门，主要负责校本研修的需求调研，选择适合本校特点校本研修模式，制订和实施本校校本研修方案设计和年度工作实施计划；制定符合本校实际的校本研修各项管理制度；指导教师制订个人专业发展远期规划和近期规划；审核学科组及教师个人的校本研修计划；负责本校教师研修工作的记录、检查和评估；撰写学校校本研修年度总结；严格按照学分认定标准，填写教师校本研修学分认定汇总表；推荐发表或结集出版本校校本研修成果，扩大培训效益；筹措和落实校本研修经费，建立校本研修激励机制等。

二、建立制度保障

学校要建立校本研修活动日制度，统一时间、统一主题、统一方式进行必修内容研修，可以由学校或者年级、教研组（备课组）组织进行，自修、选修的校本研修，可以根据实际灵活进行。要建立校本研修学分认定办法，明确必修、自修、选修各项内容的学分分值，及时将教师个人的校本研修内容、过程、效果记录在校本研修手册中。要建立校本研修文档档案和电子档案，内容包括校本研修规划和年度工作计划、学科组（或年级组）校本研修计划、教师个人发展计划，校本研修出勤表、校本研修手册、教师个人研修档案、研修成果、年度研修总结、研修学分汇总表等。

三、完善激励保障

学校每年要依据校本研修的学分认定办法对教师校本研修情况进行考核，其基本程序是：教师对照标准个人认定、教研组审核认定、教学业务部门进行复审认定、学校进行学分登记，逐步建立和健全教师自评、同伴互评、学校总评、专家审评的校本研修评价方式。学校每年要对校本研修成果进行奖励表彰，及时总结、推广先进经验，发现、解决存在的问题，对在校本研修中有突出表现和获得优秀成果的教师个人除记学分外，要给予绩效工资奖励。

学校的成功，在于建立一个高水平的教师队伍。校本研修为教师专业成长提供了广阔平台，通过在实践中研修、在研修中实践，不断引领教师关注教育教学发展动态，重视专业素质的锤炼和提高，深度融入教育发展实践，为学校教育教学改革注入强大动力，全面促进学校高质量发展。

第九章　高质量教学复习备考策略

教学质量是反映一所学校教育教学工作的重要指标，把更多学生送入高一级学校，是学校义不容辞的责任，也是重要的价值体现。教育无论怎么发展，教学无论怎样改革，教学质量都永远是学校不懈的追求，学校要树立“质量为王”的意识，真正把教学质量放在所有工作的首位。复习备考是提升质量的重要阶段，但总的来看，一些学校在复习备考阶段存在“穿新鞋走老路”的现象，仍然采取以增加教师、学生负担的方法来提高成绩，违背了教育规律，损害了学生健康和合法权利；一些学校在复习备考上进行了积极探索，但认识得不全面、研究得不深入、落实得不规范，导致复习备考阶段提升质量不明显。高质量教学从复习备考的方法、学情诊断、培优补差、训练检测、组织保障等方面入手，力求提高复习备考效果，提升教学质量。

第一节　复习备考的基本方法

一般情况下，各个学校在中高考前，都会给教学留出充足的时间进行复习备考，这段时间就像是长跑运动的最后冲刺，如果认识到位、计划合理、方法得当，就能出色地完成最后冲刺，成绩得到大幅度提高。相反，如果不知道该做什么、该怎么做，就会自乱阵脚，“眉毛胡子一把抓”，导致前功尽弃，成绩不但得不到提升，甚至会一落千丈。学校要确定正确的复习备考方法，在学生多年学习积累的基础上，“保好温”“加好火”，把水烧到“100 摄氏度”，打通“最后一公里”。

一、树立“四个意识”

复习备考阶段和日常教学有本质的区别，一个显著特点是重新学习过去已经学过的内容，明显的变化是复习资料多了、练习考试多了，老师讲的少了，留给学生的空间、时间多了。但在实践中，大多数学校缺乏对复习备考阶段教学方法的深入研究，存在脱离课标和教材，依赖复习资料，进行大容量、高难度练习的路径依赖。这就需要我们走出认识的误区，正确把握复习备考教学的特点和规律，回归复习备考的本质。具体来说要树立“四个意识”。

（一）确立课本意识

复习备考要“以本为本”，即以课本为复习备考根本依据。随着中高考改革的不断深化，一些学校片面强调“素养立意”“能力立意”，似乎知识不重要了，重要的只是能力、素养，导致教师和学生对教材的忽视，直接采用复习资料进行专题复习。其实，这是在复习备考认识上的一个误区，知识和能力就是质与量的关系，没有知识量的积累就不可能有质的飞跃。教材是我们所学知识的最主要的载体，是体现课标要求的最系统的复习依据，高质量的复习资料是必要的，但再好的复习资料也不能代替教材的作用。在实际教学中会发现，对教材比较看重的学生基础知识就比较扎实、全面，而对教材不熟悉的学生基础知识掌握得比较差，更不要说知识的灵活运用了。因此，高质量的复习备考就要引导教师和学生一定要重视教材，熟悉教材，要用“研读”的态度来对待教材，充分发挥教材的作用。

（二）确立基础意识

复习备考要树立“抓基础就是抓根本”的思想，即以培养学生扎实掌握基本知识、基本技能为复习备考基础。教学质量来源于学生的素养和能力，而素养和能力来源于对知识、概念、原理、规律的扎实掌握，在此基础上才能谈综合、迁移、运用，这是学生认知规律决定的。因此，高质量复习备考就要认真贯彻落实国家教学规范要求，不能超标超纲超前教学，不能贪多贪难、好高骛远，要把复习备考的出发点定位在夯实基础上，在基础知识的掌握和基本能力的培养上下功夫，并要想方设法落实在学生身上，转化为学生素养和能力。

（三）确立剖析意识

人的发展都是在“自我扬弃”中实现的，学生学习的进步也是在不断自我肯定与否定的过程中完成的，这个过程也正是学生素养和能力形成的过程。学生在复习备考阶段会进行大量的训练，每一次训练、每一道题都有训练的目的，隐含着需要掌握的知识点，如果学生具备了剖析的意识，学会并掌握了剖析的方法，不但能够“不在一个地方跌两次跤”，而且能够“举一反三”“触类旁通”。自我剖析需要具备反思能力，这恰恰是大多数学生缺失的地方，成为制约复习备考质量提升的薄弱环节，很多学生要么“不吃”，要么只知道一味地“吃”，把结论当成了唯一的目标，而很少反思得到结论的思维过程，很少反思方法论的问题。因此，高质量复习备考就要改变单一的教师“闭门分析”的思路，有意识培养学生剖析的意识，教会学生剖析的方法，养成“学习复盘”和“思维返照”的习惯，敢于把剖析的机会交给学生，让学生也要针对自己的成绩分析自己在考试中、在学习中的得与失。

（四）确立规范意识

学生在考场上不仅是智力的较量、心态的较量，也是素质的较量。字写得好不好、卷面是否整洁、解题步骤是否完整，在评卷中都会影响得分。比如：数理化题目分步得分，做一步得一步的分，跳过某一步，结论全对也不一定得满分；作文字迹潦草，降低作文等次，扣个几分都是正常的。高质量复习备考要在平时强调答题的规范性，引导学生养成使用学科规范的语言和严谨的答题习惯，从复习备考的每一次练习开始，从每一个字、标点、符号开始，每一道题的每一个步骤开始，按照中高考评卷的要求加以强化和训练，这不是“投机取巧”，而是严谨的学习态度的表现，也是在考试中取得成绩的经验。

二、把握“四个维度”

复习备考阶段师生会出现焦虑情绪，严重的会影响到复习备考效果，甚至会出现心理疾病，这种情绪主要来自复习备考不科学造成的。在现实中，有的教师一味强调竞争，采取“战狼战术”，每次考试练习进行排名，而不去帮助学生找到错误背后的成因，无形中增大学生精神压力；有的老师一味迷信资料和成套题，采取“拿来主义”，增加考试频次，采取“题海战术”，不经加工就进行使用，造成脱离学生实际，增加学习负担；有的老师一味追求难度，造成学生成绩不理想，认为最后努力也不会再有什么突破，影响学生自信心。多年的实践告诉我们，要提高复习备考质量，就要把握好复习备考的“四个维度”。

（一）把握好“广度”

复习备考的“广度”是指要把握好复习备考的边界，弄清课标中规定的学习内容、学习程度、质量要求，聚焦中高考的要求，以标定教。高质量复习备考要做到“题标对照”“标标对照”“题题对照”，即把训练题和课标比照、今年的课标和往年的课标对照、近年中高考原题对照，弄清知识体系和结构，弄清中高考的变化之处，把握好复习的范围和重点，避免“经验主义”，造成超课标、超教材、超范围进行复习备考，“天马行空”“漫无边际”的复习备考既浪费了宝贵的时间，也达不到提高质量的目的。

（二）把握好“深度”

复习备考的“深度”是指要把握好中高考的命题要求，弄清学到什么程度，以考定教。复习备考是一种更高层次的学习，这就要求教师要加强对近年中高考试题和中高考命题思想的研究，准确把握好中高考导向，根据中高考要求的知识层次、能力层次和素养层次的要求，科学确定复习备考的深度和梯度。高质量复习备考要避免两个极端：一种是“烫剩饭”式的复习备考，教师亦步亦趋、照本宣科，把复习课当新课讲，既讲不清知识的内涵和外延，又讲不出规律和方法，知识不能体系化、系统化；另一种是“打井”式的复习备考，教师把知识点挖掘太深，超越学生认知实际，把复习课当成研究课，只见知识不见能力，只见树木不见森林，干出力不讨好的事。

（三）把握好“难度”

复习备考的“难度”是指要把握本校学生实际，弄清学生能接受到什么程度，以学定教。复习资料是复习备考阶段重要的参考，但有的老师片面认为复习资料是专家编写的或者是名校使用的，一味迷信复习资料，采取完全依靠复习资料的复习备考方法，我们把这种复习方法叫作“懒省事式”复习法。教师需要认识到“一千个人中有一千个哈姆雷特”“世界上没有两片完全相同的树叶”，名校使用的资料未必适合普通学校实际，专家编写的资料未必符合中等学生的需要。高质量的复习备考一定要从学生实际出发，从考试的要求出发，找到二者的最佳结合点，不能只对“拔高”感兴趣。标高过高，难度过大，会限制学生自我认知水平，降低自我认同，在考试时影响学生学业水平的正常发挥。

（四）把握好“进度”

复习备考的“进度”是指要把握好复习备考节奏，弄清复习备考的时间、阶段、内容，科学确定复习计划，选取适切的复习方法，以时定教。学生认知是有规律的，就像上楼梯，需要一个台阶一个台阶、一个阶段一个阶段进行，才能积少成多、积沙成丘。复习备考进度就像作战的“路线图”，只有“路线图”清晰，才能调集力量，达到胜利的目的。高质量复习备考从一开始就要统筹设计复习计划，要具体到每一个月、每一周，包括复习备考的教学内容、资料依据、教学方法、活动安排、负责人等。同时，还要及时协同家长、学生，让他们也清楚学校在哪一个阶段干什么事情，及时调整思路，配合教师进行复习备考。

三、用好“三个方法”

人的成长和认知要经历“看山就是山、看山不是山、看山还是山”的三个发展过程。同样是“山”，由于人的认知发生变化，对“山”的认识就发生了从具体到抽象的变化。我们要根据这个规律，科学确定复习备考方法。

（一）“看山就是山”

复习备考的第一阶段主要是进行基础知识复习，需要回归课本、回归课标、回归教材，我们把它叫作“备建材”。很常见的教学方法就是按照教材的顺序，一节一节再过一遍。需要注意的是，复习备考教学的课型性质不是简单的重复，也不能把复习课当作新授课来进行，主要是通过复习来唤起学生记忆，达到温故知新、内化提高的目的。教师要立足单元复习、结构化备课，构建起知识体系，力求在学生大脑中构建起学科的目录，目录下的条目，条目下的具体问题，问题下的结论、原因、例题等框架，使学生合起书就能回忆起内容，看到考试题就能联系到教材相应部分的知识内容。

（二）“看山不是山”

复习备考的第二个阶段主要是专题或综合复习。经过第一阶段的复习，大多数同学已经具备了考试所需的绝大部分知识储备和能力要求，在第二阶段就需要跳出教材、跳出课标，在宏观上厘清知识脉络、整合知识体系、建立知识结构，我们把它叫作“建大楼”。最常见的教学方法就是依靠复习资料进行专题复习。需要注意的是，复习备考的资料只是辅助手段，需要教师进行选择、取舍和整合，而不能单纯依赖复习资料。资料存在两个弊端：一个是在展现的方式上，往往是以告白形式出现，而在对问题的引领和培养学生的思考能力方面展现不足；另一个是在内容上，资料往往大而全，事无巨细，唯恐不全，会在一定程度上影响复习备考进度。教师要认清综合复习的本质要求，重在知识的整合、加工，以达到提高学生综合运用知识、联系实际分析和解决问题能力的目的。

（三）“看山还是山”

复习备考的第三个阶段主要是查缺补漏、知识保温。在这个阶段主要以学生自主学习为主，回归到学生知识漏洞、能力漏洞、素养漏洞上，引导学生静下心来回头看学习笔记、资料、研读中高考相关要求和自己做过的错题，补上自己的短板，我们把它叫“精装修”。需要注意的是，这个阶段不宜再进行大量训练和讲解，教师要变成复习活动的组织者、引领者、调节者和局部障碍排除者。通过这个阶段要让学生形成知识、能力的记忆，考试时能准确读懂题意、提炼信息、调集知识、准确表达，如己心之所想，如己口之所出，达到“随心所欲”“运用自如”的程度。

第二节　复习备考的学情诊断

“望闻问切”是中医诊断的基本方法，医生只有在直观获取信息的基础上，才能对病人病情进行分析、综合、判断，然后对症下药，做到药到病除。尽管现在医疗技术发达，可以借助各种仪器进行检查，准确找到病灶，但仍然需要医生和病人面对面进行诊断，才能做出判断，在这点上机器是无法代替人的。准确诊断是有效治疗的原点、起点和基础，教学也是如此。复习备考面对的是性格迥异、基础不同、成长环境不同、智能发展多元的学生，每个人和每个人反映出来的问题都是不同的，优秀的教师不是给学生开同样的“处方”、用一样的“药物”，而是要精准把握学情，把学生的差科、弱项和原因找到，“因人而异”制订“个性化治疗”方案。如果不能如此，无论用什么昂贵的药品、什么样的治疗方案，都不能治好病，甚至会治死人。能不能对学情进行精准诊断是教师的基本功，也是提高复习备考质量的前提。

一、“望”诊法

“望”诊法在中医上是医生运用视觉，通过观察病人的形体、面色、舌苔、表情等对病人病情做出诊断的办法。运用在教学上就是指教师要善于在日常教学工作中观察学生言行举止和学习、做事、生活上的表现，并根据这些表现综合分析、判断学生优点和缺点，长处和短处，并有针对性实施差异化的教育方法。

（一）要善于观察学生性格

学习是学生生理、心理、体力、品质、精神的综合体现，学生崇高的理想信仰、坚定的人生追求、高扬的奋斗精神、百折不挠的毅力、良好的人际关系是学习的内在动力源。在现实中，能够看到有的学生具有坚强的毅力，愈挫愈战，愈战愈勇，但是性格倔强，不善交往和交流；有的学生具有远大理想，能够为之而奋斗，但情绪化严重，抗挫折能力较弱；有的学生情商较高，善于沟通交流，但自由散漫，缺乏学习持久动力；等等。教师要通过观察，善于肯定并强化学生优点和长处，也要能够发现学生性格上的弱点，及时给学生补充各类促进健康成长的养分。

（二）要善于观察学生学习

学生学习能力因人而异，在学习中会呈现不同的特点。有的学生能积极回答问题，但缺乏思考，回答问题不全面、不深入；有的学生能够积极主动地思考，但不善发言，缺乏总结、归纳、分析、思考和语言表达能力；有的学生只是被动学习，能够跟着教师思路走，但不善发现问题，或者抓不住问题实质，问不出来有难度、有深度、有价值的问题，等等。教师要通过观察，根据学生学习能力，有针对性地给学生锻炼、展示机会，有意识地补上学生学习中的短板，培养学生思维能力，引导学生自主学习、深入学习。

（三）要善于观察学生表现

学生学习成绩会有差异，在学习上会呈现不同表现。有的学生学习成绩一般，但很爱班集体；有的学生学习优秀，但不爱帮助他人；有的学生起点较低，但进步趋势明显；有的学生学习浅尝辄止，不善于深度学习；有的学生容易骄傲自满，缺乏包容精神，等等。教师要观察，能够根据学生学习上的表现，针对性地加以引导，不断强化学习优势，尽快弥补不足，实现全面而有个性的发展。

二、“闻”诊法

“闻”诊法是指医生通过听觉和嗅觉，观察病人的语言、呼吸、咳嗽和散发的气味，对病人进行诊断的方法。运用在教学上就是指教师要善于和学生沟通交流，通过倾听学生的表达来判断学生学习存在的问题，引导学生认识自身学习上的不足，并有目的地加以改进。

（一）要听学生语言表达

学生回答问题是内在思想的表现。每门学科都有自己的知识、技能、能力要求，都有清晰的学科素养指向，教师通过教学案一体化的教学设计，已经把学科的核心知识、主要能力浓缩为问题，可以根据学生回答问题的语言表达查找学生身上的漏洞，那些学生表达不清、回答不出、逻辑混乱的地方就是学习的症结，在今后学习中要有意识地对学生进行训练，弥补学习漏洞。

（二）要听学生练习的表达

练习不会说话，但可以很好地反馈学习情况。课程标准上要求的学习目的、学习内容、学习程度是国家对学科的要求，也是检测学习是否有漏洞的很好凭证和查漏补缺的依据，教师要通过学生练习中存在的问题，引导学生进行深入分析，让学生不但懂了，而且能说出来，从错题“复述”开始实现知识、能力、素养的“联系”和“迁移”。

（三）要听学生行为的表达

学生的情感、意志、价值观、能力、素养是内在的、隐性的，但绝不是虚无缥缈、不可捉摸的，学生学习行为往往能够反映出学生内心实际认知和最真实的想法。学生写的不一定是真的、说的也不一定是真的，但行为一定是真的。教师要在日常教学中通过创设知识运用的情境，开展动手动脑的实践活动，提供创新创造的平台，引导学生在用中学、做中学、创中学，在这个过程关注学生行为表现，判断学生素养和能力缺陷，引导学生学以致用、知行合一，把知识转化为素养和能力。

三、“问”诊法

“问”诊法在中医上是指医生通过询问病人，了解其既往病史、家族病史、发病原因、发病症状等信息，对病人诊断的方法。运用在教学上就是指教师要和学生经常对话，通过问学生问题引发话题，及时捕捉学生回答问题时有用的信息，在整合分析的基础上，科学判断学生学习存在的问题。

（一）和学生本人进行谈话

教师在繁忙工作之余要和个别学生谈话，倾听学生内心的声音和直观的感受，了解学生学习、情感、心理的状况，引导学生不断反思，找到学生薄弱学科、知识、技能、能力方面的缺陷，厘清学生学习的难点、学习的困难和需要帮助的地方，指导学生加强自我认知，明确努力方向，帮助学生建立改进的支架，寻找到最佳的提升路径。

（二）和家长进行交流

教师要通过家访、电话联系、微信聊天等方式，加强和家长的沟通和联系，深入了解学生成长经历、家庭背景、校外表现，分析判断学生性格、认知特点、学习习惯等方面成因，指导家长改进家庭教育方法，引导家长密切和教师的配合，家校共同发力，培养学生正确价值取向，矫正学生不良行为，养成良好学习习惯，形成教育合力。

（三）询问同伴和其他任课教师

每一个学生在学习中会有多个不同学科的教师和班主任共同进行教育，这就要求教师要加强和班主任及其他任课教师的沟通，了解学生其他学科学习情况、课堂表现、作业完成情况、人际交往情况，找到学生发展优势，分析判断学生缺点和不足，发挥教师引领、同伴互助的作用，为学生成长创造良好的外部环境。

四、“切”诊法

“切”诊法在中医上是指医生通过对病人进行号脉和对患病部

位进行切压，根据脉象，对病人进行诊断的方法。运用到教学上就是指通过测试等科学测量工具，结合“望闻问”收集到的信息、了解到的情况，对学情进行精准判断。

（一）通过考试检测诊断问题

学习过程中，常常要用单元测试、考试检测等方式判断学生阶段学习成效，每一道试题背后都有要考查的知识点、能力点，通过每一次阶段性考试、练习，能够精准找到学生学习存在的问题。教师要提高命题质量，重视考试检测分析，不仅要从分值上分析，更要从每道题要考的知识点、能力点分析，准确把握学生学习的漏洞、缺项和短板，诊断出学生出现问题的原因所在。

（二）借助大数据诊断问题

现代信息技术的运用，已经能够达到全过程采集信息、大数据进行全要素分析、精准找到学生个性问题，并根据学生学习存在的知识、能力缺陷，有“针对性”推送试题加强训练的程度，这是过去人力达不到的地方。教师要善于学习掌握这些技术，以常态化作业和考试检测为依据，发挥人工智能的采集、评价、反馈、改进优势，赋能学情分析，提高诊断的科学性、精准性。

（三）通过学生实践诊断问题

学习的目的在于应用，在于解决实际问题，学生运用知识解决问题的能力是学生学习效果重要的体现。教师要善于创设学习情境，把学习与生活、实践、时代、世界紧密地联系在一起，在真实情境中看学生学习知识的迁移能力、转化能力和素养达成效果，才能诊断出学生知识掌握、能力提升、素养养成的效果，并根据反馈的情况及时改进教学工作。

实践证明，学情诊断可以通过“望闻问切”四诊法，达到观学情、听民意、查症结、开良方的目的，能够较为全面地采集学生信息，较为科学地分析研判学生情况，较为有效地帮助教师准确找到“病灶”所在，为有效“治疗”做好准备，有效避免了学情诊断上的“瞎子摸象”和只见局部不见整体、只见结果不见过程、只见树木不见森林、只见表象不见本质等现象，避免“误诊”“错诊”情况的发生。

第三节　复习备考的课后辅导

课后辅导是教学工作的延伸，是提升教学质量的重要措施，是落实分层教学、实现因材施教的重要途径。特别是“双减”之下，课后服务成为校内教学时间的重要组成部分，教师在丰富课程供给、发展学生素质的同时，要利用课后服务时间，做好答疑辅导，帮助学生消化当天学习的内容，巩固基本知识、基本技能，以满足不同学习程度的学生发展需求，达到“优生吃好、中等生吃饱、滞后生吃得了”的效果，促使学生“强项更强，弱项不弱”。在长期实践中，我们总结了五种有效的课后辅导方法，概括为“五大战法”。

一、“培根固元”战法

“培根固元”是治病的基本原则，也是课后辅导的基本原则，课后辅导一定要重视夯实学生学习基础。

（一）要“培根”

俗语说“基础不牢，地动山摇”，就是指在复习备考中学生基础知识、基本概念、基本原理、基本技能、基本方法的重要性。在实际的教学中，我们常常看到，学生不能正确地理解题意，不会进行判断、分析、归纳、综合，其主要原因在于学生掌握“五基”不牢固、不准确，导致学生在考试时“不会用”。课后辅导就要立足夯实基础，让学生掌握住每一个知识点、能力点，学习不能像猴子掰玉米，掰一个扔一个，最后落到手里的只有一个。

（二）要“固元”

古人云：“问渠那得清如许？为有源头活水来。”学生素养之“元”不可能脱离教材、课标而存在，必然建立在庞大、牢固的基础知识根系之上。课后辅导又要回归课本，从源头抓起，引导学生牢固掌握字、词、句、篇，基本概念、基本规律、公式、原理、定理、史实等基础知识，在此基础上，才能以学科核心知识，内串外联形成知识结构和体系，才能有生成能力和素养底气，达到举一反三、运用自如的程度。

（三）要“记忆”

培根固元最好的办法就是强化记忆、背诵。强化素养和能力教学并不排斥学生对基础知识的记忆，离开了位于学习低层位的背诵、记忆，就不可能达到学习高层位的能力要求。比如：语文学科要加强对古文的背诵、词汇的积累；英语学科要加强语言点的积累、篇章的背诵；政史地等学科要加强对基本概念、基本规律、基本史实的记忆；数理化学科要加强概念、公式、原理、定理的记忆。这是课后辅导的重中之重。

二、“滚雪球”战法

雪球之所以越滚越大，在于小雪球能够把雪不断地黏附在自己身上，学习亦是如此。如果学习上囫囵吞枣、一知半解，时间长了，学习的困难就会越来越大，最后就推不动，会严重影响复习备考质量的提高。相反，如果学生每天能够及时巩固和消化所学知识，不放过任何学习上的问题，做到堂堂清、天天清、周周清、单元清，就会越学越轻松。

（一）要及时解决问题

“学问”的顾名思义就是“不懂就问”，学习的过程就是不断发现问题、提出问题、分析问题、解决问题的过程。教师要充分重视学生学习中困惑点、迷茫处，这往往是学生知识的漏洞、能力的盲区，是学生学习最有价值的地方。课后辅导不能像讲课一样，而要侧重答疑解惑，指导、帮助学生及时解决问题，不至于把每天发生的小问题忽略过去，长期积累就会成大问题。

（二）要及时进行复习

“复习”顾名思义就是“反复学习”。教师讲过的学生会忘记，考试训练过的学生也会忘记，自己做过的学生还会忘记。因为，遗忘是规律，是难免的，学习的过程就是不断和遗忘做斗争的过程。其中，最有力的武器就是重复，学习心理学上把这个过程叫“内化”。课后辅导就要遵循遗忘规律，既要及时复习当天知识，以强化记忆；也要待学生快要遗忘时恰当安排复习单元知识，特别是对重点问题、重点题型要及时复习、反复学习，通过多次重复达到内化成能力的目的，在这上面没有捷径可走。

（三）要构建知识图谱

教材上的东西都是人类间接经验总结，是他人的东西，学生要善于把这些东西变成自己的，进入自己的头脑，融入自己的血液，转化为自己的行为。课后辅导就是要帮助学生构建知识图谱，形成以核心知识、关键能力、大概念为核心的知识体系和能力框架，把握住知识之间的逻辑关系和内在联系，纵横交错、互联互通，达到纲举目张、触类旁通的目的。

三、“十分钟”战法

“十分钟”不是指具体时间，而是一个时间概念。“十分钟”战法就是指教师要学会时间管理，找准辅导的最佳时机，以求最佳效果。现实中，教学与其他活动之间、文化课与专业课之间、学科之间都在抢时间。老师们经常感叹“时间都去哪儿了？”大家都认识到分层教学的重要，都认识到辅导的重要，但很难挤出专门的时间来做培补工作，那么，该怎么办呢？

（一）挤时间

鲁迅说：“时间就像海绵里的水，只要愿挤，总还是有的。”人们经常问：“十分钟”能干什么？殊不知学习的长度就是一个又一个“十分钟”构成的。有人曾对不同层次学生“十分钟”学习效果进行过验证，惊喜地发现一个中等程度的学生在“十分钟”内可以读一篇1500字的文章，可以做两三道中等难度的数学题，可以记住五六个英语单词。十分钟时间仅是一个课间的长度，叫过来一个学生、解决一两个问题还是完全可以做到的，教师在除去学校统一时间、地点、人员、内容的辅导之外，要树立“十分钟”意识，用好时间的“边角料”，拓展辅导的时间空间。

（二）高效率

在实际的教学中，特别是复习备考阶段，教师会切身体会到“时间是最宝贵的教学资源”。教师时间紧、学生时间紧，大家都处于一种“焦虑”状态，只不过每个人的程度不一样罢了。在这种状况下，提升课后辅导效率就显得极为重要，难得的“十分钟”不能让它浪费在无效的辅导上。教师在“十分钟”内不能重复讲课、不能进行作业检查，应集中精力或者针对共性问题进行专项训练，或者针对个性问题精准指导和答疑，或者每天一题解决学生困惑而不得其解的问题，以达到提高辅导效率的目的。

（三）扬动力

课后辅导工作最关键的还是人的因素，“填鸭式”“被动式”辅导不仅解决不了问题，达不到学习目的，还会“帮倒忙”给教师和学生徒然增加负担。课后辅导要以问题为导向，不断启发学生问题意识，引导学生能够发现学习上困惑，提炼成问题，让学生在教师辅导中真正有收获，推动课后辅导从“要我做”到“我要做”，从“人到”到“心到”。

四、“定向爆破”战法

教材是用文字、图片、数字、图表等形式记述的，学习的过程就是把知识不断吸收储存、内化建构、运用创造的过程。教师在课上是按照教材顺序进行教学，这是“纬线”；知识的积累、能力的形成、素养的培养是按照认知规律来走，这是“经线”；经纬交织才能构建成知识结构网。这张“网”联结点结实不结实、牢固不牢固，直接关系教学质量的高低。“定向爆破”就是针对这些点，进行专项辅导，达到重点突出、难点突破的目的，及时排除学习的障碍。

（一）要找到“爆破点”

课后辅导要重视学生在训练、考试、作业中的错题分析和教学案中学生暴露的问题，站在学科知识框架的高度，以章、单元为单位，从宏观看微观，找准学生知识漏洞、技能漏洞、题型漏洞、方法漏洞，从点到面、从题到类、从现象到本质，有针对性进行专项教学或训练。

（二）要选择“爆破法”

概念类知识是以名词解释方式展现，原理、规律类知识是以问答题的形式展现出来。概念类知识是一个学科的基石，原理、规律构成一个学科的框架，它们共同构成一个学科的基础。教师在课后辅导时要改变教学流程，变“先讲后练”为“先练后讲”，善于发现学生问题并以此为导向进行辅导，实践证明，当学生带着问题去学习会大大提高学习效率。

（三）要掌握“爆破度”

“爆破”不是越激烈越好，当然如果“爆破”烈度不到，也解决不了问题。课后辅导要善于把教材的骨干知识、核心知识找出来，整理出本学科的必备知识，采取集中记忆、专项训练、集中辅导等办法，集中突破薄弱环节，大面积提高辅导效率。

五、“老牛反刍”战法

老牛白天总是不停地吃草，却没有消化不良，不在于它有一个发达的胃，而在于它特殊的进食方法，白天要多吃、吃饱，吃撑一点也没有关系，晚上静静地卧在那儿，把白天吃到胃里的草再吐出来，一点点地咀嚼，这就叫“老牛反刍”。学生学习就像老牛吃草，如果“只吃”而不“反刍”，就会得“消化不良”的毛病。那么，在课后辅导时，该怎么“反刍”呢？

（一）要学会归类

人的大脑就相当于牛的“胃”，学习就是不断把知识装进大脑的过程，如果杂乱无章，就会造成需要时无法及时调取。教师辅导学生时要教会学生储存知识的方法，指导督促学生保存好学习资料，并分门别类加以整理、分类归纳、吸收内化，不能把自己的大脑当“仓库”，而应该把大脑变成电脑的“储存器”，随时能调集自己需要的信息。

（二）要学会消化

只吃不消化，会造成营养成分无法及时吸收。课后辅导要指导学生对自己学习过的知识、做过的作业、练过的试卷，经常回头看看，对于错题不光要看，还要动手再做做，不懂的地方及时向老师请教，求得教师个别辅导，争取做到考后一百分，不在同一个地方跌倒两次。

（三）要学会加工

学习不是找到答案就可以了，更重要的是寻找答案的过程。教师在课后辅导中，不能直接代替学生学习，不能直接告诉学生答案，要重在指导思路和过程，要让学生通过练习、作业、考试发现的问题，与教材对照，与课标对照，弄清自己哪个知识点、能力点出了问题，背后的原因是什么，然后经过强化训练类似题、相近题，达到迁移运用、内化提高的目的。

第四节　复习备考的训练检测

训练检测具有巩固知识、评价效果、激励学习、改进教学、提升质量的作用，训练检测是教学的重要环节，在复习备考中占有重要地位，是其他教学方式无法替代的，因为知识是通过学习获得的，而能力养成需要通过训练才能获得，学习效果也需要在检测中体现，质量提升更需要通过训练检测才能达成。教学中，一些教师往往把教学等同于训练，信奉“学不会练会、练不会考会”，实行“题海战术”，“天天练、周周练、双周练、月月练”比比皆是，“章节考、专题考、综合考”层出不穷，导致教师、学生陷入茫茫题海不能自拔；有很多老师只知道训练检测，却不思考为什么要训练检测；只知道一味加难度、加次数，却不思考效果如何。实践证明，训练检测不是越多越好、越难越好、越频繁越好，关键在于训练的时机、训练的内容、训练的结果，低质、无效、不科学的训练不但无助于教学质量的提高，还会扼杀学生学习的兴趣和动力。高质量的复习备考要求教师要加强对训练检测的研究，以提高训练的科学性、有效性，能够做到“精而管用”，才能达到提升质量的目的。

一、提高训练检测有效性

（一）提高训练检测的科学性

教师要加强对训练检测内容研究，提高命题质量。训练检测是教师教学和学生学习情况的“诊断器”，通过对训练结果的分析，能够查找出教学的漏洞、了解学生学习的不足，在复习备考中及时进行修复。如果拿着一套本身有问题的试卷来考查学生，再拿着一堆有问题的数据来分析教学质量，然后按乘法法则“负负得正”的思路来得出结论，这样的训练检测对教学质量提升是无益的，甚至是有害的。训练检测内容要紧扣课程标准，依据教材，根据教学进度，明确训练的目的、涵盖的知识点、训练的能力和要达到的程度。

（二）提高训练检测的精准性

训练检测不能简单复制别人的试卷，也不在次数多少，关键是要结合学情，加强针对性。复习备考中，常见一些教师习惯于依靠教辅资料或者用成套的原题，忽视本校学生实际，导致训练检测的无效；一些教师缺乏训练检测的整体思维，把握不准训练与训练、单项训练和整体训练之间的联系，导致重复命题。高质量复习备考要求教师要下“题海”，针对学生学习中反映的痛点、难点、堵点、易混点，有针对性地训练检测，有智慧删除那些重复、无用的废题，有能力搜集、整理、选择、重组典型性和代表性的试题，力争训练检测一次，学会一法，融通一类。

（三）提高训练检测的统筹性

训练检测从来都不是“碎片化”的知识存在，也不是孤立于知识体系之外的。复习备考要对训练检测进行整体规划，围绕核心素养和中高考考点，把每一次训练检测都要放在学科体系中，呈现在知识结构里。高质量复习备考要求教师实现训练检测的情景化，把问题放在学生真实的生活和实践中去，把书本知识与培养能力结合起来。还要重视自己以前命过的题目，并将此作为以后命题的参照系之一，既要进行重复训练，也要进行新知识点、能力点训练；既要具有挑战性，又要符合学习实际；既要能激发学生解决问题的乐趣，又要保护学生的学习信心和求知欲望。当然，学生在训练中反映出来的知识、能力、技能欠缺之处，不是一次就可以解决，有的需要反复强化训练，直到熟练掌握为止。

（四）提高训练检测的规范性

学习既需要积累，厚积才能薄发，更需要熟练，熟才能生巧。在平时训练检测时，要尽量按照中高考的阅卷要求，严肃认真培养学生解题的规范性习惯，要求学生书写要规范、答题过程和解题思路要规范、语言组织和表述要规范等，不能因为是平时训练检测就“偷懒”。只有把平时训练当成中高考，才能在中高考时举重若轻，不会出现因技术性的低级错误而失分的状况。

二、创新训练检测的方法

训练检测是科学评估复习备考质量的重要工具，其方法有很多种。通常采用集中训练检测与日常训练检测相结合、全员训练检测和随机训练抽测相结合、学生训练检测与教师指导相结合、自己训练检测与互相训练检测相结合的方式。具体来说有以下几种方式：

（一）集中训练检测

集中训练检测是指统一时间、统一地点、统一命题、统一批改、统一分析、统一反馈进行的训练检测，目前主要是按照学校或上级教育业务部门安排进行，集中训练检测的对象为学生，主要检测学生的学业质量水平性。从内容上看，主要依据课程标准，全面考查学科学习目标的达成度，它既包括对学习结果的抽测，也包括对学习过程的监控，属于目标参照的水平评价；从形式上看，一般采用纸笔考试的方式，有学校或上级业务部门统一命题，检测全校或部分年级的某一学科；从结果上看，主要是训练检测后，学校或上级教学业务部门将对训练考试结果进行全面的质量分析，总结取得的成绩和进步、存在的问题，制定有针对性的改进措施。

（二）日常训练检测

学生学习会经历“掌握—熟练掌握—迁移运用”的过程，他们在学习能力上的差异并不能决定他能否学会教学内容，而只能决定他将要花多少时间才能达到对该项内容的掌握程度，即：学习能力强的学生可以在较短的时间内达到对某项学习任务的掌握水平，学习能力差的学生则要花较长时间才能达到同样的掌握程度。日常训练检测目的是对学生已学过的知识技能掌握情况进行再测试，主要有年级、教研组（备课组）、学科教师自主进行。从内容上看，主要依据教学案上的训练系统和作业、单元（章节）学习的重点，训练检测阶段性学习内容，重过程性、发展性；从形式上看，一般采用非纸笔考试方式（或结合纸笔），例如日常口语交际、问卷、知识竞赛、实验操作、研究性学习等；从结果上看，主要是训练检测后，真正落实“考后一百分”的教学管理措施，这也是高质量教学的核心技术。

（三）随机抽样训练检测

随机抽样训练检测是指采取专项调研、抽样检测的方式，没有固定的时间、人员、地点，主要是由学校组织，目的是诊断教师工作质量和学生学习质量，既注重水平性评价，更侧重发展性评价。对学生学业质量的抽样检测时，主要方式是采用以纸笔考试为主的量化评价和非纸笔化的质性评价，包括对学科单元、教材的试卷检测、实验考查、动手操作、提交作品、口试、朗读课文、活动报告、课堂观察、作业分析等。对教师教学质量的抽样检测时，主要是学校组织，目的是对所有教学活动、各个教学环节和各种教学管理制度落实上进行经常性的随机抽查、调研和反馈，主要方式是通过听课制度，有计划地随机调研教师的课堂教学情况、教学计划落实情况、备课和作业批改等情况，也可以采取对学生、家长不定期问卷调查的方法，调研本学科教师的教学情况。

三、强化训练检测的实施

训练检测结果的不准确必然干扰学校对教学情况的判断，误导复习备考方向，导致教学处在盲目的、不可控的状态，出现教学成绩忽高忽低，优生得不到拔高，差生越培养越差等问题。学校要有意识地开展对训练检测的学习和研究，掌握训练检测的技术，提高训练检测的质量，避免因检测方法、检测对象、检测内容的不科学导致“测不准”的现象。

（一）规范集中训练检测的程序

学校要从训练检测的命题、监考到阅卷等各个环节制定规范并按照规范操作，确保测试的科学性和规范性。训练检测前，学校要组织教研组（备课组）教师进行集中研讨，确定训练检测的时间、范围、内容和命题人，同时还要对训练检测的试卷进行审核。训练检测后，学校要组织召开年级教师会对测试成绩进行翔实的分析，要求教研组（备课组）负责人从命题角度和成绩反馈方面进行学科情况分析，总结学生学习过程中存在的问题，明确下一步教学工作的目标；班主任要结合成绩针对每名学生的学习基础、现状、性格、心态甚至健康状况进行细致的分析，确定希望生和临界生，与任课老师在需要重点培养的学生情况方面达成共识；任课教师要找本学科、本人任教班级的优点，寻找存在的问题和差距，分析原因，及时整改，并以此作为对学生进行下一阶段备考指导的参考依据，强优补差，加强薄弱学科的基础巩固与练习。

（二）注重日常训练检测的落实

教师要注重日常训练检测的课堂诊断作用，要求学生认真完成每日训练和每周一测的常规练习任务，保证数学、物理、化学经典题型训练、语文阅读能力提升和英语听说训练时间，实现有练必讲，有疑必解。同时，围绕每周所学的基础知识、重点内容、要求学生记忆、背诵的知识点，结合本校学生实际能力和水平，对书本例题、日常学习原题和高考真题进行重组，建立周过关测试制度，强化和巩固每周学时内容。检测后，要在第二天前完成批阅、统计、反馈、评析纠错，对未过关学生进行复测过关。

（三）强化训练检测后的改进

训练检测后，教师要根据结果分析，具体到学生个人，采取人盯人战术，突出针对性，强化尖子生和临界生的培养，强化对偏科学生的帮助，导优补差，因材施教，落实到人。要合理调整复习进度与内容，对训练检测中出现的共性问题进行精雕细琢，讲深、讲透，拓展、联系、系统地讲，达到举一反三的效果，确保复习心中有数，努力提高复习效率。要将训练检测中发现的问题作为备考复习全程的出发点，找准学生遇到的问题和瓶颈，探索适合学生认知特点的授课方式，讲思路、讲方法、讲规律、讲技巧。同时利用碎片化时间，对学生进行辅导答疑、查漏补缺。

第五节　复习备考的保障机制

复习备考是提升学校质量的重要措施，也是教学关键环节，学校要进一步统一思想，健全领导机制，完善组织机构，明确人员责任，完善保障内容，强化过程管理，调动各方面积极性，发挥复习备考的重要功能，确保提高中高考质量。

一、做好思想保障

中小学要充分认识到教学质量可以反映学生的发展情况、教学任务的完成程度和优劣状况，复习备考的最终落脚点在学生成长和发展上。复习备考要坚持正确的价值导向，依照培养核心素养的要求和新课改精神，立足学生成长特点，因材施教，不断深化教学改革，发展学生核心素养，增强学生综合素质，实现全面育人、科学育人，促进学生全面而有个性的发展；复习备考要纠正“唯分数、唯升学”倾向，建立正确的政绩观和科学的教育质量观，遵守国家教育教学各种规范，遵循教育规律和人才成长规律，以发展核心素养为导向，确保在复习备考中，全面贯彻党的教育方针，健全立德树人落实机制，不断改进教学行为，实现学生轻负担、高质量、全面发展的目的。

二、做好组织保障

复习备考是学校质量管理体系重要组成部分，学校要成立以校长为组长，以学校班子成员和业务管理部门干部为成员的学校复习备考领导小组，主要负责制订和实施复习备考的管理方案，制定和落实教学质量目标、评估和检测复习备考成果、改进和开展复习备考改革实验、执行及落实复习备考计划等。教学业务部门是复习备考的实施部门，主要负责落实领导小组制定的各项措施和决定，包括对各学科执行课程标准、复习备考计划、教学进度、课时安排等进行检查，组织教师进行复习备考的培训、学习、研讨，组织教研组（备课组）活动开展复习课、讲评课等课型研究；组织复习备考教学质量抽测、练习、分析等活动。

三、做好落实保障

学校要发挥复习备考对教学质量的引导、诊断、改进、激励作用，严格落实学校复习备考各项举措，确保复习备考“不走偏”“不空泛”。学校要定期检查教师复习备考的备课、上课、作业、培补等情况，要定期组织阶段性、单元性训练检测，注重通过数据和信息的分析，精准发现教师复习备考中好的经验和存在的问题，及时掌握学生的学习情况，并以此为导向，不断完善学校管理、及时调整教学方法、不断改进复习备考工作，促进教学质量有效提高。

“学林探路贵涉远，无人迹处偶奇观。”教学质量的保障体系建设是一项需要耐心、毅力、智慧和创新精神的工作，也是我们义不容辞的责任，只要我们目标明确，遵循规律，脚踏实地，真抓实干，就一定能从教学的必然王国中走出来，向着教学的自由王国迈进。

第十章　高质量教学教风建设策略

一所学校的教风主要表现为教师整体的思想水平、道德水平、学术水平和教学水平，同时涉及对教学规律的把握以及育人意识和遵守教学纪律等方面，良好的教风是学校教学质量的重要保障。长期以来，一些学校的教风停留在书面上、出现在口号中、挂在墙壁上，没有真正引起学校管理者和教师的重视，导致教师在教学改革上认识不统一，行动上不协调，效果上不理想，直接影响了教学质量的提升。高质量教学高度重视良好教风建设，力求为教学改革和质量提升提供强大动力。

第一节　教风建设的内容

百年大计，教育为本；教育大计，教师为本。德国教育家雅斯贝尔斯说：教育是用一棵树撼动另一棵树，一朵云推动另一朵云，一个灵魂唤醒另一个灵魂。教师要不断提高个人修养，做“有理想信念、有道德情操、有扎实学识、有仁爱之心”的“四有”好老师。良好教风呈现的方式各不相同，但核心内容无外乎以下几方面：

一、严谨治学

梅贻琦先生说："所谓大学者，非谓有大楼之谓也，有大师之谓也。"学校是一个研究学问、探索真理的地方，教师如何成为学问之师、品行之师，这既是一个理论问题，更是一个实践问题。好老师不是天生的，而是在教学管理实践中、在教育改革发展中锻炼成长起来的。教师要铭记教书育人的使命，保持清醒的头脑，以人格魅力引导学生心灵，以学术造诣开启学生的智慧之门。教师要把学习当成一种本能，养成终身学习的习惯。教师要注重对现代教育思想和理论的学习与理解，以科学的态度认真钻研业务，随时把握本学科知识前沿，不断提高学术水平和教学水平。教师要勤学、善思、敢为，不断加强自身的思想品德和职业道德修养，在日常教育教学中，要备好每一节课、上好每一节课、批改好每一篇作业、教育好每一个孩子，给每一个学生人生出彩的机会。要从关心爱护学生的角度和培养德智体美劳全面发展的人才出发，敢于对学生的不良行为勤于管理，端正其学习态度，激发学生的学习兴趣和动机，促进学生的全面发展；勇于对学生错误的思想及时教育，循循善诱，正面引导，促使学生树立正确的世界观、人生观和价值观。教育无小事，教师无小节，教师要仪态端庄，着装整洁，语言文明，谦虚谨慎，恪守职业道德，尽职尽责，为人师表，以高尚的人格魅力潜移默化地影响学生。

二、崇尚师德

“学高为师、身正为范”，这八个字不仅道出了教师的内涵，也指出了教师应该努力的方向。一个教师的“教育观”是以教育“价值观”为核心形成的。古今中外，任何国家、任何时代的教育，都是为统治阶级服务的，都肩负着特定的社会责任和历史使命，都要解决“为了谁”“依靠谁”的根本问题。思想政治的彻底清醒是教师个人成长的基础和前提，是专业成长的导引和支撑，说到底，一个教师只有明白了“我是谁”“我要干什么”，才能明白“怎么干”。教师职业具有国家公职人员特殊的法律地位，教师的教育行为不是代表个人，而是代表党、国家、人民的意志，都需要受到国家法律、政策的规范和约束。教师只有成为中国共产党的坚定拥护者、共产主义理想的坚定信仰者、社会主义核心价值观的坚定践行者，才能认识到自己工作的价值、事业的意义和人生奋斗的方向，方能理直气壮地站在讲台上，用坚定的理想信仰激发学生奋斗、用透彻的学理分析回应学生疑问，用彻底的思想政治理论矫正学生偏差，用强大的真理力量引导学生前行，真正成为学生理想信仰的引路人、健康成长的指导者、道德品质的铸造者，既做“学问之师”又要做“思想导师”。

三、爱岗敬业

教师是人类灵魂的工程师，从事着太阳底下最光辉的职业，人民教师无上光荣。教师做的是传播知识、传播思想、传播真理的工作，是塑造灵魂、塑造生命、塑造人的工作，一个优秀的教师对一个人的一生起着起航、催发、定向的作用，她温馨的叮咛往往决定了一个人一生的奔赴；她所传授的科学文化知识，影响并改变着学生的命运。正因如此，教师要心怀“国之大者”，要成为塑造学生品格、品行、品位的“大先生”。教师应按照学校教学工作的有关规定开展教学活动。在备、讲、批、辅、考、评、纠等教学环节中，充分发挥主导作用，既要全面系统地传授知识，又要指导学生掌握科学的学习方法和思维方式。要严格遵守教学规范和各项纪律，自觉遵守调课停课、上下课时间、课堂管理、试卷保密、考试监考、成绩管理等各项规定，保证教学工作高效有序进行。

四、乐于奉献

一个人的伟大不是具体某一件事的伟大，而是人品和人格的伟大。教育事业的伟大一定来源于教师伟大的奉献。奉献是一种高尚的精神，是一种为了国家、社会和他人利益而自觉自愿牺牲自身利益的精神，社会需要这样的精神，学校更应该弘扬这样的精神。古往今来教师都被视为社会楷模、道德的形象、行为的示范、知识的化身、学生的榜样，教师要深情地眷恋着自己的事业，深深地守着自己宁静的心灵，把奉献精神作为一种人格魅力，落实到具体行动上，任劳任怨、不计得失、踏踏实实、埋头苦干、不为名、不图利，从身边的小事做起，用自己的具体行动作出奉献，努力创造一流的工作业绩，从而实现自己的人生价值。

第二节　教风建设的方法

良好的教风不是生来就有的，也不是从天而降的，是需要通过长期的培养才能形成的。学校要抓思想教育，让教师弄清“我是谁”，坚守从教的初心和使命；抓育人能力建设，让教师弄清“我要干什么”，坚持以学生为中心的专业精神，承担教书育人的神圣责任；抓业务素质的提高，让教师弄清“我要怎么干”，不断提高业务能力和专业水平。

一、锤炼过硬的思想素质

古人云:“经师易求，人师难得。”一个优秀的老师，应该是既精通专业知识，做好“经师”，又涵养德行，成为“人师”，努力做“经师”和“人师”的统一者。在新时代，国家和人民对教师寄予厚望，学校要坚持党的全面领导，把教师政治素质放在首位，要建立学习制度，积极开展政治理论和教育理论的学习、研讨和交流活动，内化于心、外化于行。教师要胸怀“国之大者”，坚守为党育人、为国育才的初心和使命，坚定理想信仰，全面贯彻党的教育方针，自觉承担立德树人的根本任务，带头践行社会主义核心价值观，不断加强师德修养，把个人理想、本职工作与祖国发展、人民幸福紧密联系在一起。要树立高尚的道德情操和精神追求，经得起外面世界的诱惑，耐得住清贫、孤独和寂寞，守住心灵的宁静，甘为人梯，乐于奉献，静心教书，潜心育人，努力做受学生爱戴、人民满意的教师。

二、掌握过硬的育人本领

教师是人类灵魂的工程师，从事着太阳底下最光辉的职业。我们的职业是为了学生的明天和未来，单纯的教学观点是抓不好教学的，丧失了德育的智育起码要打百分之六十的折扣。学生中不乏智力不错的，之所以成绩上不来，关键是因为他们在非智力因素和情商方面有缺陷，缺乏良好的行为习惯、良好的学习习惯、严格的纪律观念、良好的意志品质、较高的成就动机，这些都会成为阻碍、限制他们发展的最大障碍。学校要高度重视教师育人能力的培养，大力开展教育学、心理学的培训和研修，定期组织德育基本功交流和比赛、组织德育论坛，通过开发学生的非智力因素进而发展学生的智力因素。

三、提高教师的专业化水平

教师专业化水平体现在教学案设计能力、课堂组织能力、语言表达能力、总结写作能力、使用新技术的能力、课题研究能力、教学诊断能力、教学问题的处理能力等各方面，需要通过系统培训和长期学习才能提升。学校要采取走出去、请进来的办法，加大对教师的培训力度，大力组织教师外出听课学习培训，同时把名校的名师请到学校，与学校的教师结成对子，通过高手引路提升教师业务水平。要在校内开展培训、交流、师徒结对等活动，把理论学习和教学案例分析纳入校本研修的重要内容，使教师更好地走上学习中研讨，实践中总结，总结中提高的成长历程。

第三节　教风建设的保障

教风建设的主体是教师，没有教师的参与和改变，就不会形成良好的教风。学校要采取有力措施，促使教师由教风建设的旁观者变成教风建设的组织者、参与者，身体力行投身于教风建设中，并在实践中加以弘扬和传承。

一、制度保障

教风体现在学校每一位干部、教师工作中，有不同划分标准，也有多种不同类型的构成要素。学校要制订教风建设方案，调动各部门力量，动员全体教师参与其中，进一步统一思想、明确责任分工、细化建设内容，形成齐抓共管、协调配合、系统推进的建设格局。学校要对教师队伍进行详尽调研和分析，从历史、年龄、结构等方面找出教风存在的问题和其中最关键、最有价值的问题，要分清是师德的态度问题，还是知识的底蕴问题；是能力的欠缺问题，还是方法的不当问题；是性格的沟通问题，还是技术的不熟练问题，要以问题为导向，引导教师发扬长处，弥补不足，强化教风建设的实施。学校要加强教风的监督和督查，明确检查内容和方式，通过明察暗访，及时发现问题，限时整改，并将督查结果纳入工作考核，确保教风建设效果。

二、学习保障

教育者先受教育。教师良好的教风要建立在先进教育理念、科学教育方法、丰厚知识底蕴、高超学识水平上。学校要不断拓宽教师学习、培训、研修平台，通过加强教育理论学习、引导课题研究、开展课堂观摩活动、外出参观培训、组织专题论坛、进行成果评选等途径，把教师的注意力吸引到教学育人上来，让每个人都有展示的平台、发展的渠道、成长的空间。教师要养成终身学习的意识和能力，不断充实、丰富自己知识底蕴，及时调整、完善自己知识结构，把深入研究课程标准、规范教学行为、改进教学方法和提高课堂教学艺术作为必修课、基本功，精心设计每一节课，用心育好每一个人，不断提高教学质量。

三、激励保障

教风不是一个务虚的概念，它涵盖了师德师风、德育、教学、科研等各方面内容，是学校教师队伍水平的综合体现。学校要注重选树“四有好老师”“师德标兵”“优秀教师”“感动学校人物”等先进典型，充分利用宣传栏、广播站、校报、网站、新媒体等阵地宣传他们的感人事迹，营造见贤思齐的良好生态，在全校形成正确的价值导向。学校要把教风纳入教师考核体系之中，引导教师以身作则、坚守底线、严格自律、遵守规范，多措并举力促教风建设活动落地落实落细，激励教师树立高尚师德师风，高扬理想的风帆，全面提高教书育人能力。

良好的教风建设是一项长期性工作，是一场持久战，不可能一蹴而就，也不是一项制度、一个命令、一朝一夕就可能培养出来的，需要通过持之以恒的长期培养才能见成效。学校要避免功利心态和形式主义，要立足长远，常抓不懈，从大处着眼，从小处着手，就一定能建设良好的教风，为学校高质量发展奠定良好的基础。

第十一章　高质量教学学风建设策略

学校是学生学习、生活、成长的家，学风展示着一个学校学习的力量和精神风貌，对每个成员都产生约束、感染、熏陶、激励的巨大力量，具有任何行政命令和规章制度所不可代替的特殊作用。高质量教学要求我们建设良好的学风，去唤醒学生的奋斗精神，培养学生的积极心理，规范学生的学习行为，形成激励人心、改造行为、催人奋进、蓬勃向上的学习氛围。

第一节　学风建设的意义

学风建设是学生在长期的学习过程中形成的一种相对稳定的学习风气与学习氛围，是学生学习目的、思想水平、学习态度、学习习惯、学习方法、行为规范和综合素质的集中体现，代表一个学校总体学习质量和学习面貌，也是学校办学思想、人才培养质量和管理水平的重要标志，是学校软实力的重要体现，对提高学校教学质量，促进学生全面发展具有重要意义。

一、是立德树人的重要载体

教育的根本任务在于立德树人，其效果是通过学生身上表现出来的精神状态和行为风尚体现出来的。学风建设就是学校落实立德树人的重要载体，是学校立校之本、发展之魂。学风建设犹如阳光和空气决定万物生长一样，直接影响着学生学习成长。好的学风，能够为学生学习成长营造好气候，创造好生态，润物无声给学生以人生启迪、智慧光芒、精神力量。学校要充分发挥学风建设在立德树人中的作用，将学风建设贯穿到学生从入学到毕业的各阶段，融入学生学习生活各方面，引导学生树立爱国主义情怀、坚定理想信念、加强品德修养、增长知识见识、增强综合素质，努力做到知识传授与价值塑造同频共振。

二、是教学工作的重要内容

学风是学生精神品质、学习能力的集中体现，是教书育人的本质要求。良好的学风是需要在长期的教学过程中，通过长期督促和熏陶才能形成，一个学校一旦形成积极进取的人生态度、蓬勃向上的精神风貌和旺盛的学习热情，就会产生极大的精神力量，时刻召唤着学生、感染着学生、影响着学生、引导着学生，这就是学风建设的巨大价值所在。新的时代教学不再是“唯升学”“唯分数”，更重要的目标是培养具有家国情怀、理想信仰、科学精神、人文底蕴、社会交往的社会主义接班人和建设者，这就要求学校建设良好的学风，促使学生树立远大成长志向，立志报效国家和服务人民，学会学习、学会动手、学会动脑、学会生存、学会和别人共同生活，真正做到学而不厌、挫而不败，心有温度、行有智慧，在春风化雨中涵养学生核心素养，在潜移默化中引导学生勇毅前行。

三、是教学质量的重要条件

优良学风是教育教学质量的重要条件，学校中不乏智力不错，成绩却不理想的学生，关键问题集中在学生非智力因素方面。主要表现在没有良好的行为习惯、缺乏良好的学习习惯、缺乏纪律观念、缺乏良好的意志品质、缺乏较高的成就动机等方面，这些都成为阻碍、限制学生发展的最大障碍。高质量教学认为单纯的教学观点是抓不好教学的，忽视对学生的政治素质、理想信仰、思想道德方面的教育，最终难以取得较好的成绩，更不要说高质量发展。学校要树立通过开发非智力因素进而发展学生的智力因素的思想，下大力抓好学风建设，从而促进教学高质量发展，就会对生活和工作在其中的师生产生潜移默化的影响。在这种环境中养成的行为习惯，将成为学校里每一个师生自觉奋进的动力，从而推动整个学校的繁荣和发展。

第二节　学风建设的内容

学风，是读书之风，更是做人之风，是一个学校的灵魂和气质，也是一个学校的立校之本，将直接影响学校的改革与发展，影响学校的教育教学质量，影响学校的荣辱兴衰，也事关学校的精神状态和学校文化样态。学风建设的核心是学习精神和学习态度，是学生学习目的、态度、作风和方法的综合表现。当前一些学生学习上存在目标不明，动力不足；缺乏规划，态度不正；学习畏难，不思进取；方法不当，效率偏低；眼高手低，参与率低；意志薄弱，自控力差等方面问题。这就要求学风建设始终把关注学生放在首位，有效培养学生坚定的理想信仰、终身学习的习惯、科学的学习方法、坚韧的学习精神。

一、树立理想信念

学生树立的人生志向和对生命意义的理解是决定其学习动力和能走多远的动力源泉。良好的学风就要培养学生正确的人生理想和远大的成才目标，坚持正确的世界观、人生观、价值观，爱党爱国爱人民爱社会主义，立志为实现中华民族伟大复兴中国梦而努力奋斗。当学生明白了这些道理，就会增强学习动力，激发学习热情，形成自主学习、全面学习、创新学习、终身学习的学习习惯和健康向上、笃学笃行、坚韧不拔的学习追求；就能保持乐观向上、阳光健康心态，学会合理表达、调控自我情绪，能够正确看待困难和挫折，具备应对学习压力、生活困难和寻求帮助的积极心理素质和能力。

二、培养良好习惯

学习习惯是学风形成的基础和前提，良好的学风要引导学生端正学习态度，培养自主学习、自觉学习的能力，养成良好的学习习惯。要教育学生认同并遵守各项规章制度，从每一节开始，遵守课堂纪律，严格做到不迟到、不早退、不旷课、专心听讲、认真做笔记、积极思考、认真完成作业、考试不作弊。要培养并提升学生社会交往能力，从尊重身边每一个人开始，尊敬教师、友善乐群、团结协作，加强和老师、同学在学习、工作、生活等各方面的交流，共同营造乐学、勤学、善学的良好学习氛围。

三、掌握学习方法

学习方法是学生学风建设的关键环节，是学生提高学习效率和提高学习成绩的支架。要教育学生学会理解学科基本思想和思维方法，掌握学科基本知识、基本技能，进而形成学科素养；要培养学生保持阅读习惯，养成爱读书、多读书、读好书的习惯，在读书中体味人生，感悟生命，成长成才，提升阅读量和阅读理解能力；要引导学生主动参与实验设计，能够独立完成实验操作，提升自主探究能力，培养创新意识和创新精神；要创设情境，培养学生“学以致用”“知行合一”的精神，提升发现问题、提出问题、解决问题的意识与能力；要积极组织学生参加社会实践活动、社团活动和学科竞赛，养成理论联系实际的思维方法，在实践中不断提高信息收集整合、综合分析运用能力和水平，促进其成绩提高。

第三节　学风建设的方法

学风建设是一场持久战，学生纪律观念、奋斗意识、学习习惯都不是一项制度，一个命令，一朝一夕就可能培养出来的，需要长期的培养才能见成效，才能实现学生内在与外在向善要求的统一。

一、做好思想教育

高远的理想是学生学习动力的源泉。青少年是人生“拔节孕穗”期，是世界观、价值观、人生观形成时期，是确立人生理想的重要时期，学校要高度重视学生思想教育，引导学生形成正确的价值导向，为学风建设提供强大的精神动力。

（一）要坚持正确的价值导向

近年来，在各种社会不良现象的影响下，在学习目的上引发学生思想混乱，不少学生在“为什么学习”上存在着认识上的误区。表现在：一些学生以升学、发财、做官、出国的极端利己主义为人生追求；一些学生不谈理想、不要信仰，只重视个人物质生活利益的追求；一些学生世俗自私，崇尚拜金主义和享乐主义；一些学生事不关己、高高挂起，遇危不扶、有难不帮，等等。这些认识和观点，显然是十分错误的，究其原因是教育出了问题。教师和家长要纠正片面追求分数和升学率的错误教育观，要教育学生把服务国家和人民的高远追求和个人理想结合起来，引导学生既要埋头文化知识的学习，又要提高个人思想政治素质，只要学生思想不跑偏，就会战胜人生道路上的艰难险阻，朝着自己的目标坚定地迈进。

（二）要坚持正面“灌输”

学生的价值迷失，在于教师和家长在信仰问题上的暧昧态度，对拜金主义、享乐主义、个人主义等不良影响没有形成强大的对抗力量。教师要以崇高的职业理想、满腔的职业热情和高度的职业责任感，教育和影响每一名学生，善于把良好的学风建设同社会主义核心价值观、爱国主义教育、道德品质教育等有机地结合起来，做到求之有给、问之有答、授以真理、解以真谛，教会学生正确的思维方法，提升学生判别美和丑、真与假、善与恶的能力，通过春风化雨的教育告诉学生不要做什么，应该做什么和怎样去做，使学生有所遵循，产生为伟大理想而献身的学习动力。

（三）要坚持课堂渗透

课堂是启人心智、育人心德的主阵地。在课堂上，教师要“学为人师”，要热爱教学、研究教学，及时更新知识结构，积极拓宽知识视野，把教书和育人结合起来，把学生教育和学科教学、课外活动等学校的一切领域有机结合起来，不断激发学生求知欲望，引导学生独立思考，培养具有深厚人文底蕴、扎实专业知识、强烈创新意识的优秀人才。要“行为世范”，要严格管理，从严治教，以德育德、以德立身、以德立学、以德施教，引导学生树立正确的理想信仰，具有良好的思想政治素质，坚定在学习中战胜一切艰难困苦的高昂斗志，重建自己的精神家园，以促进良好学习氛围的形成。

二、开展教育活动

学生在活动中成长。寓学风教育于活动中，能够较好地发挥娱乐、导向、育人的功能，让学生在活动中学会合作，培养学生人际交往能力，维系学生相互关心，尊重理解和团结协作的关系。学校要有意识、有目的组织学风建设活动，不断强化学生的学风和行为习惯，增强学生纪律意识，提升文明素养，规范行为习惯，形成浓厚的学习氛围。

（一）要组织开展学法指导培训

学校要结合教学进程，通过列举案例、定位目标、指明方向等方法，有计划地开展心理教育、学法指导、考法指导等，让学生在感染、感动、激励、启迪、鼓舞中，学会调整自己学习状态、制订科学学习计划、学会合理管理时间等方法，养成预习、记笔记、阅读、提问、做作业、复习等的习惯，不断提升自主学习、合作学习、探究学习的能力，最大限度调动学生学习积极性、主动性，帮助学生提高学习效率。

（二）要组织有意义的集体活动

学校要组织重大节庆日、纪念日主题教育，组织各学科的研究性学习、作品欣赏、参观访问、研学实践、社会调查、讨论辩论等活动，组织文学、艺术、体育、科技等社团或兴趣小组活动，组织科学家进校园、院士讲堂等报告会，把各行各业的英雄模范人物请进校园和学生进行对话，在活动中启迪学生学习欲望，激发学生为未来而战、为真理而战的精神，引领学生以饱满的激情和热情积极投身学习之中。

（三）要组织开展知识竞赛

学校可以每周进行一次年级知识竞赛，每月组织一次学校知识竞赛。在竞赛内容上，年级任课教师可以把学科知识点和学生社会实践、生活情景相结合进行命题，特别是要选用情景化、生活化的内容，引导学生学以致用；在竞赛组织上，可以采用分班随机抽取学生进行知识竞赛的办法，分必答、抢答等题型，并设立周冠军、月冠军、学期总冠军的进阶程序。实践证明，知识竞赛既可以引导学生掌握知识，又可以引导学生养成良好的学习习惯，还可以营造良好的学习氛围，让学生体验学习的成功和快乐。

三、形成文化氛围

文化氛围是一种潜移默化的教育力量，是一种无形的约束，文化氛围一旦形成，会成为强大的自我教育力量，促使学生自尊自爱、自省自律、自主学习、自我发展。

（一）要让有信仰的人讲信仰

如果教师只是在课堂上讲理想，在口头上谈信仰，而自己在日常工作、生活、言谈举止中却是另外一套，就无法在学生心中种下希望的种子。一个事业心很强，对工作对学生认真负责的教师，他的言行、他的形象本身就是对学生进行思想教育、人生指引的生动教材。教师要加强自身修养，以身作则，率先垂范，以良好的言行举止为学生做出好的榜样，以自身的人格魅力带动教师和学生，以潜移默化的熏陶来影响学风。

（二）培养集体荣誉感

学风建设和教学一样，学生是直接创造者，也是直接受益者。因此，学风建设要着眼学生、落脚学生，增强学生集体荣誉感，既是学风建设的参与者，也是学风建设的维护者，还是学风建设成果的享受者。学校要通过班会、辩论、谈话、报刊、文化专栏等多种途径激励学生，帮助他们树立正确的人生观、世界观和蓬勃向上的争先创优、刻苦拼搏的集体主义精神。在学习社区中，彼此互帮互助，共同进步，不抛弃、不放弃任何一个同学。

（三）建设文化环境

文化环境是一种潜在的教育因素，一个优美整洁的文化环境和激人奋进的精神氛围，对于优良学风的营造有着独特的意义。学校要重新设计、布置教室文化环境，通过标语、横幅、班级名片、教室版面等方式，展示奋斗目标、励志格言、学风口号、励志歌曲、学风徽标等文化元素，唤醒学生自我激励、自我教育并接受其他同学监督。要开展赶、帮、超学习竞赛活动，指导学生学会制订自己的周计划、月目标，寻找自己追赶的榜样和标杆，通过挑战书、决心书等方式，在全班形成共赢的竞争氛围。

四、坚持堵疏结合

教育的本质是按社会规范的要求来培养合格公民，学风建设亦是如此。学风建设要敢于坚持教育的底线和原则，坚持纪律的严肃性，对严重违纪的学生要及时予以惩戒，达到教育的目的。同时，也要认识到单纯采用“堵”的办法是不够的，还要“疏”，要学会耐心细致地做思想工作，帮助学生走出困惑，树立信心，磨炼意志，端正认识，以良好的心态迎接人生的挑战。

（一）正面引导

有人认为现在是一个个性张扬的时代，学生怎么做都不过分，不用管，这是认识上的一个误区。从教育产生以来，它的阶级性特点就与生俱来，统治阶级赋予教育的使命之一就是要通过学校教育把人的个性发展纳入社会规范允许的范畴中，使学生由一个自然人更好地转化为一个社会人。学生思想活跃，世界观、人生观、价值观还未完全定型，对社会上的一些新奇的东西崇尚心理强烈，对学校教育逆反心理严重，导致看到的、听到的社会阴暗面的东西会在他们的心中被放大，这就要求学风建设要坚持正面引导，既严格要求，又真诚帮助，引导学生分析一些社会现象背后的本质，使其对人生和社会充满信心，唤醒他们的责任感。教师是知识的传播者，也是学生成长的领路人，当有些学生对一些问题看法偏激时，教师要晓之以理；有些学生顽固不化时，教师要动之以情；有些学生可能也想改变，却不知道如何去做时，教师要导之以行；有些学生遇到挫折丧失信心时，教师要持之以恒。只有坚持正确的价值导向，才能构建良好的学风。

（二）全员参与

就教师群体来看，学风建设绝不是几个管理者、几个班主任的事情，教师要克服“我不是班主任，我不是抓德育的，学风与我无关”的思想，学风建设要求渗透在每个学科、每个课堂、每个教学环节，每位教师都肩负着学风建设的任务；教师也要走出“我只管教好自己的课，其他问题交给班主任、交给学校”的认识上的误区，要树立“帮班主任实际上就是帮自己”的观念，齐抓共管才能培育良好学风。此外，学生的成长离不开家庭环境的熏染，学校要重视和家长的沟通与交流，把握学生的心理特征，引导学生的心智成长，团结家长和学校相向而行。

（三）注重实效

很多时候，学校教育者感觉教育措施乏力、无效，主要原因是站在教师的立场上，用“居高临下”的姿态进行批评、指责、说教，没有走进学生的内心深处、没有触动学生的心灵、没有让学生产生深刻的情感体验。教师应该深刻地认识到单纯的批评、指责、说教是无益于建设良好学风的，甚至会适得其反。教师要善于唤醒学生主体意识，激发学生内心动机，让学生参与其中，学会春风化雨，让教育入耳、入心、入脑、入行，最终积淀成学生受益终身的素养，促进良好学风的形成。教师善于挖掘学生潜能、发挥其特长，激励其成长，学会用爱心去浇灌、用真情去感化、用智慧去启迪、用人格去熏陶、用理想去塑造，让每位学生得到全面与个性和谐统一的发展。

第四节　学风建设的保障

学风建设是建立并完善弘扬优良学风的长效机制，动员全体师生共同努力，融入日常，常抓不懈，才能久久为功，促使学生保持积极学习态度，掌握有效学习方法，形成良好学习习惯，高质量完成学习任务。

一、加强组织保障

良好的学风是建立在一个个班级良好的班风基础上，一个班级的班主任、学生干部的精神状态、思想方法和工作作风，对学风建设有着至关重要的影响。学风建设要重视培养一支积极向上、奋发拼搏的干部队伍，为建设良好学风提供重要组织保障。

（一）加强班主任队伍建设

班主任是班级的核心，也是班级良好学风建设的第一责任人。学校要大力加强班主任队伍建设，选强配好班主任队伍，经常组织班主任培训、研修，不断提高班主任管理素养和管理能力；要建立班主任论坛、班主任经验交流会，推广优秀班主任的经验，共同攻克管理难题，促使班主任角色由单一型向多元型转换、由权威型向对话型转换、由限制型向发展型转换、由高耗型向高效型转换、由经验型向科研型转换、由被动适应型向主动创造型转换、由封闭型向开放型转换，实现理念的更新和方法的创新。

（二）加强学生干部队伍建设

学生会干部、班干部、团干部、团员、优秀学生、志愿者等是班级中最积极因素，学生干部工作能力的高低，工作方法的对错，在同学中威信的高低，往往能够决定一个集体的精神面貌与学习风气。要选好配强学生干部，明确职责、加强培训和指导，不断提高学生干部的管理能力、服务意识和个人素养，从而带领团员、优秀学生和志愿者率先垂范，以身作则，齐抓共管，共建良好学风。

（三）要让学生成为自己的主人

优良学风的最终受益者是广大学生。高标准、严要求建设好学风正是对学生终身负责的真正体现。学校要动员全体学生以主人翁的意识参与到学风建设中来，才可能推动优良学风的逐步形成。班级要让每位学生都参与管理，探索实行班委、课代表、组长、学习社区负责人的分级、分类管理制度，把班内大小而琐碎的工作分配到个人，使每个人都是班内小主人，切实做到“人人有事做，事事有人管”，在全员参与学风建设的过程中，培养学生民主意识、社会意识、责任意识和管理能力。

二、完善纪律约束

学风建设的基础是良好的学习秩序规范，学习秩序规范的基础是纪律，没有好的、铁的纪律就没有浓厚的学风的形成。一般来说，学习秩序包括出勤、课间、路队、出操、用餐、就寝、内务、活动等方面。

（一）建立制度

学校要建立学生日常行为规范和一日常规，制定学生课堂管理制度、出勤管理制度、作业管理制度、学分管理制度、学习资料管理制度、就餐制度、寝室管理制度等制度体系，把学生平时的学习行为细化、量化成操作性强的考核办法。在制定的过程中，要组织学生参与其中，进行充分讨论和征求意见，把制度制定的过程变成一个统一思想的过程。

（二）完善督导

学校要加强值班、巡课等管理，把学风情况作为检查的重要内容，通过对教室秩序、学生状态等情况观察，及时和班主任进行沟通，督促改进学风方面发现的问题。要指导学生建立以学生干部为主体的学风督查小组，依照学风建设制度相关规定，每天进行学风督查，如实记录学生表现，及时通报和督促整改。班主任和学校要掌握第一手资料，根据学生检查记录情况，建立学生个人的学风考核档案，并纳入学生综合评价之中。

（三）加强协同

学风建设涉及学生、教师、家长各方面要素，绝不是靠学校一己之力就能完成的。优良学风需要调动各个要素，共同发力、相向而行、持之以恒才能建成。学校要建立家校协同机制，加强家校之间、教师之间、班级和学科之间沟通交流和信息共享，督促家长履行法定责任，引导家长转变家庭教育理念，指导家长掌握科学教育方法，共同督促学生掌握科学的学习方法，养成良好学习习惯，优化学习行为，提高学习质量。

三、建立激励机制

榜样的力量是无穷的。学校要重视学生内心积极向上的心理需求和学习动机，发挥学生身边的榜样作用，帮助学生明确自身目标与规划、提升学业水平。

（一）开展班级之最评选

学校和班级每月通过个人申报、民主推荐、集体评议等程序，开展“最负责的人”“最关心集体的人”“最乐于助人的人”“学习最努力的人”“最爱读书的人”“进步最大的人”“最爱劳动的人”“最有礼貌的人”“最讲卫生的人”“最注意锻炼身体的人”等“班级之最”评选活动。对获奖的同学通过在校园里张榜公布，给家长发出贺信和在升旗仪式、班会上表彰和奖励的方式，强化正向激励。当选的学生要总结经验，强化行为，提出下一段目标和努力方向，在日常学习、生活、活动中更加严格要求自己。要引导没有当选的同学反思自己不足，并积极改正提高。

（二）组织学习经验分享会

学校和班级要组织考试成绩优秀的、进步大的、单科好的学生，进行学习经验和学习方法的分享交流，推广好的学习经验。支持优秀学生选择自己擅长的科目开设“个人小课堂”，发挥榜样力量，促进全体学生学习质量提升。组织学生优秀“教学案”“学霸笔记”“错题集”展评活动，交流学习经验和方法，引导学生养成认真、细致的学习习惯。要发挥班级和学校公众号等自媒体作用，对学生榜样的事迹和优秀经验进行大力宣传，引领学生成长。

（三）组织学习交流活动

学校和班级可以组织“读书分享”“诗词大赛”“硬笔书法展示”“您摘抄我送礼”等活动，展现知识魅力，激发学生学习兴趣。可以建立“学长课程”，通过组织优秀毕业生报告会，邀请往届优秀毕业生回母校和学生进行沟通交流，回顾学生时代的得与失，展示其现在生活和成就，让学生在优秀学长学姐的成长故事中汲取成长力量。可以开设“家长课程”，充分挖掘家长资源，发挥其特长，邀请有条件的学生家长走上学校讲台，让家长和学生共同成长。

峥嵘百年丹心澄，星光不问赶路人。学风建设是一个漫长而艰辛的过程，学风的形成也绝不是一蹴而就的，是学校全体成员在长期的实践、探索、总结和奋进中不断自我修正、完善，最终才能够一点一点慢慢形成。我们只要怀着一颗爱心，悉心钻研，就一定能取得实效，为教学高质量发展提供源源不断的动力。

第十二章　高质量教学的“减负”策略

随着时代发展，每个时期都有影响教育的关键因素。进入新时代，教育发展的外部环境和宏观政策环境已发生深刻变化。当前，教育最突出的问题是中小学生负担太重，短视化、功利性问题没有根本解决。这些问题直接关系到立德树人根本任务的落实、关系到人民群众切身利益、关系到小康社会质量、关系到国家民族的未来、关系到学生身心健康，是党中央关心、社会关切、人民关注的重大民生工程。减轻学生过重的学业负担俨然已经成为中小学一项重大政治任务，也是时代对中小学校提出的一项重大课题，更是对学校政治站位、领导智慧、指挥能力的一次检阅。面对这个时代命题，中小学需要进一步统一思想和认识，形成改革共识，做好“减负”答卷。

第一节　“减负”的意义

教育是国之大计、党之大计，当前中小学教育中最突出的问题之一是学生学业负担过重。过重的学业负担违背教育规律，超出学生认知能力和身心承受能力，严重影响了“立德树人”的落实，严重影响了学生身心健康、心智成长、素质提升。高质量教学就要高质量“减负”，让学生在校园“吃饱”“吃好”“吃健康”，实现“轻负担高质量”的教学目的。

一、有利于回归教育本质

近年来，校外培训机构在资本和利益推动下，野蛮生长，制造社会焦虑，加重了孩子的学业负担，增加了家庭经济负担和精力负担。清醒地认识到学生过重的培训负担表象在校外，但根子在校内。学校高质量的教学，有利于减少绝大多数学生和家庭的补课需求。当然，只要有学习就会有负担，减轻学生学业负担不代表没有负担，减轻学生作业负担也不代表没有作业。“减负”首先要正确区分哪些是合理的学业负担，哪些是过重的学业负担。以巩固教学成果，检验知识理解与运用为目的而进行必要的背诵、作业、考试、社会实践等学习任务，是合理的学业负担。这些负担是学生开发智力、激发潜力、锻炼能力的必要条件，是学校教育教学管理工作的重要环节，是课堂教学活动的必要补充。同时，也要看到学业负担因人而异，不能一概而论。同样的学习任务，对学习有兴趣、学习能力比较强、学习习惯好的学生可能根本不构成负担，对于不爱学习、习惯不好、能力较弱的孩子就成为负担。因此，“减负”不能简单采取无差别的降低课程标准，减少课时、减少作业量、降低课业难度等“一刀切”的办法，要视课业负担各不相同的实际情况和学生成长差异需要，减掉那些不合理、过重的学业负担，真正实现学生全面发展。

二、有利于学生健康成长

近些年，在错误政绩观的推动下，一些学校以“减负”名义出台的各种教育改革可谓花样迭出，相关的“减负”话语不断翻新，但回头再看，往往效果不佳，甚至越减越重。这种不顾实际情况和学生发展的实际需要，无目的、盲目的、虚假的“减负”会以降低学业质量为代价，与改革的目标也不相符，会导致“减负”陷入困境。学校应端正办学思想，坚持以学生为中心，全面贯彻党的教育方针，落实立德树人的根本任务，树立科学的教育质量观和正确的政绩观，着力克服“唯分数、唯升学”倾向，坚决纠正以追求分数为目的超前超纲教学、机械刷题、重复作业等错误的方法，坚持以学生健康成长和终身发展为己任，培养德智体美劳全面发展的社会主义建设者和接班人。

三、有利于提高教学质量

“减负”要求我们发挥学校主阵地作用，全面提高学校教学质量，这是减轻学生负担能否落实的关键。学校要高度重视激发学生学习兴趣和求知欲，培养学生良好学习习惯，掌握科学学习方法，提升学生学习能力。同时，还要避免将课程标准中的最低要求当作对全体学生的要求，要结合不同孩子的实际情况有针对性地布置学习任务，制订相应的培养方案，既要让学生“吃饱”，也要让学生“吃好”，满足学生全面而有个性的发展。要制定教育教学质量标准，改进教学质量测量技术手段，系统构建以发展素质教育为导向的科学评价方案，健全学校教育质量保障体系。学校要严格落实“五项管理”要求，严明教学纪律，加强教学管理，严格执行课程计划，不随意增减课程门类、难度和课时，加大教学视导、集体备课、听评课、教学研究和课堂教学改革与实践力度，做到应教尽教，保障学校教育的基本学业标准不降低。

第二节　“减负”的方法

学校是国家教育系统的最基本单元。长期以来，我国中小学校课程设置单一、教学方法陈旧、缺乏学习方法指导，是造成学业负担过重的学校教育内部因素。减轻学生学业负担根本之策在于提升教学质量，“减负”能“减”下去，关键在于教学质量能“增”上来。

一、提高课堂教学质量

（一）丰富课程供给

课程是学校育人的载体，是国家事权，具有严肃性，学校要提高课程意识，积极构建学校课程体系。要全面实施新课程新教材，开足开齐国家课程，按照新课程标准落实教学质量目标。要结合学生实际，不断丰富多彩的课程供给，增加学生选择性，满足不同学习基础、不同学习能力、不同性格禀赋、不同兴趣爱好、不同学习路径以及未来不同发展方向的学生需求，促进学生个性而又全面的发展。要整合资源，发挥当地工业、农业、博物馆、爱国主义基地、研学基地等作用，大力开发社会实践课程，让学生在丰富的社会实践中长知识、增才干、提能力。

（二）改变教学方法

教师要改变“死记硬背”“填鸭式”传统教学方法，聚焦学习方法、学习能力、学习习惯培养，采用启发式、互动式教学方法，设置灵活的、有趣的教学情境，调动学生积极性，激发学生学习兴趣。要转变教育理念，由“教师本位”向“学生本位”转变，由“知识本位”向“素养本位”转变，由“教师向学生单向传递知识”向“师生通过合作双向建构知识”转变，坚持做人与成才并重、智商与情商并重、知识与能力并重，减少无效学习增加的学业负担，提升教学效率和学习效率。

（三）提高教学效果

教师要精心设计好每一个教学案，上好每一堂课，留好每一次课后作业。要提高备课质量，坚持以学习者为中心，遵循认知规律，从学生的学习活动、情感发展等需求出发，对教材进行科学地重组、合并，放大、缩小，添加、删除，构建符合学生的实际、适合学生学习的可控可测可视的教学目标、教学方法、教学内容。要改变学习组织方式，通过对不同学习程度、不同性格、不同性别的学生科学分组，合理搭配，交叉安排，发挥同伴互助作用，让学生置身其中，亲身感受，有效生成知识。要科学设置具有开导性和启发性的设问、提问，通过得体、巧妙的引导、点评、解答，让学生产生“柳暗花明”“恍然大悟”的学习体验。

二、提升作业设计质量

作业是学校教学工作的重要环节，是课堂教学活动的必要补充，是学生掌握知识，巩固教育教学效果的必要手段。长期以来，在“唯分数”“唯升学”的动力驱使下，作业数量过多、质量不高、功能异化的现象愈演愈烈，导致学生睡眠不足，影响身心健康。减轻学业负担的关键举措就是提升作业质量，减轻学生过重的作业负担。

（一）加强作业管理

学校要制订作业管理实施方案，制定优秀作业标准，对作业设计、布置、批改、分析等环节进行规范，每月抽查一科作业，每学期全面检查一次作业，每学年进行一次优秀作业评比和展示活动，对作业实施全过程管理。教师要认真批改作业，及时做好反馈，加强面批讲解，认真分析学情，做好答疑辅导，不得要求学生自批自改作业，禁止给家长布置或变相布置作业。

（二）提高作业质量

学校要建立以教研组为核心的作业质量监管机制，提升作业设计质量，探索分层作业、个性化作业、选择性作业等实施途径，确保不超前超纲布置作业，难度不超国家课程标准的要求，彻底摒弃随心所欲、重复低效、争抢时间的传统作业模式，逐步改大水漫灌变为精准滴灌，帮助学生在有限时间内提高学习效率。

（三）统筹作业数量

建立以年级组和班级为主导的作业统筹办法，明确各科作业数量，每天汇总各科作业内容，及时公示作业清单，把控作业总量和时长。作业少了，质量要提上去；时间短了，作业功能不能降低。确保小学一年级、二年级不布置家庭书面作业；小学三至六年级书面作业平均完成时间不超过 60 分钟，要在校内基本完成书面作业；初中书面作业平均完成时间不超过 90 分钟，要在校内完成大部分书面作业。

（四）完善考试检测

“减负”不是不要考试，不是不要训练检测，而是要减少过多、过滥的低质量考试，是反对把考试成绩、排名作为评价学生的标准。学校要正确理解考试检测的功能和意义，统筹考试、检测、练习的关系，全面压减统一考试数量，提升命题质量，采用等级制评价，随学随测，科学分析检测结果，并以此作为调整教学设计的依据，指导下一步教学实施。

三、丰富课后服务内容

提供课后服务是“双减”政策落地的重要一环，学校不能把学生的课后时间全部推到社会上去，学生基本的学习，学校应该承担起来。长期以来，学校特别是小学“三点半”放学现象，带来了家长接孩子难问题，有的还因此把孩子送到校外培训机构，增加了过重校外培训负担，造成了“校内减负、校外增负”。学校开展课后服务，可以有效解决家长接送难、孩子没地方去的问题；可以充分利用课后时间，提供丰富多彩的服务内容，为学生提供学习和发展空间；可以更好地满足学生个性化发展需求，促进学生全面健康成长。

（一）明确课后服务时间

推动学校每周 5 天、每天 2 小时（以下简称“5+2”）开展课后服务，充分挖掘校内潜力，统筹用好科普、文旅、体育等校外资源，引进 28 万名专业人员参与课后服务；不断丰富课后服务项目，学校普遍开展了学科知识辅导答疑，85% 以上的学校开设了科普、文艺、体育、阅读等兴趣类活动课程；督促各地通过财政补贴、服务性收费或代收费方式，落实课后服务经费。学校要着力推进课后服务“5+2”全覆盖、常态化，对有特殊需要的学生提供延时托管服务，初中学校工作日晚上可开设自习班。

（二）丰富课后服务内容

一般课后服务设置两节课，可以采取长短课结合。第一节课设置为基础性课后服务，主要是指导学生复习当天学习内容，认真自主完成作业，教师对课堂内容进行查漏补缺，对学习有困难的学生进行补习辅导与答疑，为学有余力的学生拓展学习空间，帮助学生巩固所学知识，拓展学习广度，增强学习深度，培养自主学习意识，形成良好行为习惯；第二节课设置为选择性课程，学校要大力挖掘课程资源，提供阅读、体艺、科技、劳动、社会实践等个性化课程，开展兴趣小组和学生社团活动。

（三）改进课后服务管理

打破传统行政班级教学，实行“走班制”，家长和学生可以自愿选择周一至周五参加课后服务时段和内容，实现课后服务动态预约和弹性选择，助推学生发展特长与爱好。坚决防止将课后服务变相为集体教学或补课。

第三节 “减负”的保障

2018 年 9 月 10 日，习近平总书记在全国教育大会上发表重要讲话，他强调“办好教育事业，家庭、学校、政府、社会都有责任”。这个重要论述准确把握了教育事业发展面临的新形势新任务，为深化教育领域改革、释放教育事业发展生机活力指明了方向。要实现减负提质的目标，必须充分发挥教师和家长两个主体的重要力量，这关乎“减负”的“成色”和效果。

一、“减负”要调动教师积极性

教师是“减负”工作的重要执行者和推动者，实施课后服务后不少教师觉得增加了许多压力和负担，学校要高度重视这个问题，在减轻学生学业负担的同时，也要减轻教师过重的工作负担，充分调动教师工作积极性，只有这样“减负”才能行稳致远，达到效果。

（一）教师要提高政治站位

从教师自身来说，充分认识“减负”是当前最大的政治，是办学方向的矫正，是教育方针的回归，是教育初心的检验，是教育生态的重塑，更是对教育工作者政治觉悟、担当精神、育人水平的一场大考。我们的教育是要培养德智体美劳全面发展的社会主义建设者和接班人，是为学生一生健康发展、幸福生活奠基的事业。教师要勇于转变思想认识、教育观念、教育教学方式，提升认知能力、专业化程度，增强教育智慧、教育艺术，当我们的老师认识到这些，就会更好地协调好减轻学生负担和自身减负之间的关系。

（二）发挥教师主导作用

从学校来说，要充分信任教师、理解教师、关爱教师。在管理上，要发挥校内教师主导作用，调动教师工作积极性，吸引更多教师参与课后服务工作。加大人文关怀的力度，对参加延迟服务的教师启动弹性上下班制、调休等措施，建立教师子女课后托管班、提供校车接送、校内教职工晚餐服务等，让教师能够安心、放心地开展课后服务工作。

（三）合理配置教师资源

学校可以结合教师专业背景、教学特长等设置课后服务课程，采取轮换值班，科学排课及调度，为教师减轻负担，分担压力，避免少部分教师工作量过大的情况发生。对校内教师资源无法满足的课程要不断拓宽师资队伍渠道，可以通过聘请退休教师、社会专业人员参与课后服务活动的设计、组织、实施与管理，充实课后服务项目，发挥外聘教师辅助作用，实现校内外教师资源优势互补，缓解校内教师教学任务过重压力。

（四）加大激励力度

学校要制定课后服务经费保障办法，根据学生选课数与教师课时数给予参加课后服务的教师相应劳动报酬。在评价上，要建立课后服务管理评价制度，加强课后服务过程性管理和质量管理，对课后服务质量好，表现突出的教师在考核、绩效工资分配上给予相应奖励，调动教师积极性。

二、“减负”要加强家校协同

2022 年 1 月 1 日实施的《家庭教育促进法》明确规定“未成年人的父母或者其他监护人应当合理安排未成年人学习、休息、娱乐和体育锻炼的时间，避免加重未成年人学习负担”。家庭教育不再是家长私事，“减负”已成为家长法律责任，家长也要落实“减负”的责任，配合学校做好“减负”工作。

（一）转变家庭教育观念

升学压力是学生学业负担过重问题的最主要成因，但我们必须承认，传统落后的家庭教育观念是学生学业负担过重的另一成因。从历史看，中国自古就有科举考试的文化传统，望子成龙、望女成凤是家长共同的心愿；从现实看，一些家长希望孩子能取得优异成绩，在学习竞争中获得优势，能进入优质学校学习，将来考上好大学，未来有一个好工作。这些都是客观的社会现实，是中国国情的一部分。这些家庭教育观念是可以理解的，只要引导合理，就会促进学生成长，但现实是在过度追求“中高考成绩、择名校、就好业”的压力下，催生家长对竞争、对分数、对未来的焦虑，产生家庭教育异化、短视和功利，导致家庭持续对学生加压，大多数家长采取不顾学生实际，一味“拔苗助长”的错误做法，期望通过“填鸭式”“抢跑式”和“题海战术”提高学生成绩。这就造成家长一边对孩子过重学业负担深恶痛绝，一边又不惜重金把孩子送进各种各样的补习班、兴趣班、校外辅导班，或者以聘请作业辅导、家教的方式加重学生负担，造成“学生减负家长增负”“校内减负校外加负”等现象。

（二）提升家庭教育素养

作为学校，应加强家庭教育的研究，肩负起提升家长素养责任。通过学校，成立校级、年级、班级三级家长委员会，指导家长树立科学育子观念，帮助家长树立正确的价值观、人才观、成功观，为家庭教育提供更多更高质量的专业支持。作为家长，要充分认识到家庭教育是一门科学。人是有差异的，人的发展是个长期的过程，国家需要的人才也是多方面的，要对学生持有合理的期望，尊重学生的兴趣爱好，给予学生自主选择的空间和权利。分数、升学固然重要，但它绝不是教育的全部，还有精神、意义、价值、信仰、健康等关乎学生未来的教育灵魂和真谛。不顾学生实际，违背孩子身心发展规律和教育规律，一味跟风、抢跑，最终会损害孩子身体健康，扼杀学习兴趣，是要付出沉重代价的。

（三）掌握家庭教育方法

“双减”之下，学生放学后不补课或者少补课，居家时间多了，家长更要和学校老师加强联系，共同协商，合理安排学生学习、休息、娱乐和体育锻炼的时间，培养孩子良好健康的习惯和能力。现实中，我们会看到学生在同一个班，有同一个任课教师，学习同样的内容，成绩却出现较大差异，究其原因，除了天分之外，更多的是良好的学习习惯、品德意志、自控力、专注性和求知欲上的差异。家长要针对孩子性格特点、兴趣爱好、学习的薄弱项和擅长项，积极和教师一起商量，加强信息沟通，发挥各自在教育上的优势，有针对性地帮助孩子扬长避短，补上短板。父母也应当根据孩子的生理、心理、智力发展状况，尊重孩子人格权利，平等交流和尊重其参与相关家庭事务和发表意见的权利；加强亲子陪伴，发挥父母双方的作用，相互促进，父母与子女共同成长。

中小学生学业负担过重问题，是一个困扰家长多年的“急、难、愁、盼”的老大难问题，更是阻碍我国基础教育高质量发展路上的拦路虎。只要我们抓住主要矛盾，紧扣问题成因，从政策落实、作业改革、课后服务、提质增效、家校协同等方面统一思想和认识，主动创新探索，就一定能够解决中小学生学业负担过重问题，打好这场关系中华民族伟大复兴的未成年人保卫战。

附　录

附录 1　高质量教学操作规程 100 条

为全面贯彻党的教育方针，落实立德树人的根本任务，遵循教育教学规律，提高教学管理科学化、规范化水平，进一步优化教学秩序，改进教师教学行为和学生的学习方式，切实减轻学生过重学业负担，有效地提高教学质量，全面提高学生素质，培养德智体美劳全面发展的建设者和接班人，结合学校实际情况，制定本规程。

一、教学思想

1. 教学以习近平新时代中国特色社会主义思想为指导，坚持立德树人的根本任务，全面贯彻党的教育方针，以教书育人为本。

2. 教学要全面执行上级的课程计划和课程方案，开足开齐课程。要严格执行“三表”（课程表、作息时间表、课后服务表），做到专课专用，专时专用。

3. 教师要树立正确的人才观，坚信“人生而平等”，坚持有教无类、因材施教，促使学生全面而有个性的发展；树立正确质量观，坚信“天生我才必有用”，坚持面向全体学生、面向学生一生，培养学生终生发展所需的正确价值观、必备品格和关键能力；坚持正确的教育观，坚信“学生潜能无限”，坚持立德树人、教书育人，激发学生自主学习的动力。

二、教学的基本规律

4. 教学相长规律。教师和学生是教学的两个不可分割的方面，在人格上是平等的，在目标上是一致的，在成长上是互相成就的。教学和学习是教学的双边活动，师生互动、双向交流、及时调控，有利于师生的共同提高，优化教学过程。

5. 教导相成规律。教学与教育辩证统一，没有无教育的教学，也没有无教学的教育。教学过程既是传授知识的过程，也是培养与形成政治思想、道德品质的过程，寓教育于教学之中，才能相得益彰。

6. 学智相促规律。即传授知识技能与发展学生素养是相互制约、相互依存的辩证统一，无知必无能，有能必有知。教学教给学生系统的规律性的科学知识才能发展学生智能，学生掌握了知识和规律才能促进创新能力形成。

三、课堂教学 + 原则

7. 依据新课标、课本，目标明确具体，既有基础目标，又有发展目标。

8. 疑始疑终。疑始，即在教学开始，提出鲜明的问题引起认知矛盾，使学生思维“入路”，根据知识的系统，承上启下地提出问题，使新旧知识有机地联系起来，同时又激发了学生的求知欲望。

9. 难度密度适度。适当的难度能激发兴趣，刺激学生智力的发展；适当的密度可以有效地控制学生的注意力。

10. 深入浅出，因材施教。

11. 知识迁移，温故知新。

12. 明确主攻方向，形成教学高潮。

13. 让学生参与知识形成的过程。所谓参与，即不是简单地学习现成的结论，而是让学生亲自参加并体会知识的形成，亲自尝试思维的飞跃。教学重点放在培养学生的好奇心、求知欲，帮助学生自主学习，独立思考，鼓励学生发现问题、提出问题和解决问题。

14. 促进知识转化为技能，培养学生思维能力。

15. 思想性、科学性、知识性、趣味性有机统一。

16. 启发引导，活跃思维，激发情趣，实施创造教育。

四、备课

17. 备课组要详细制订学期的教学进度和备课组活动计划。集体备课要做到“四定”：定时间、定地点、定内容、定主备人，每周至少开展一次备课组活动，每次活动不少于两节课。备课组长负责组织、安排备课组活动，至少提前一周督促主备课人做好准备工作，协调、指导组员参与合作，安排专人及时做好备课组活动记录。教研组长要定期对备课组集体备课活动的开展情况和教师教案的撰写情况进行检查指导。

18. 共同研究教学设计的依据、意图和思路，围绕知识建构、能力发展、教法学法等深入进行研讨，形成集体教学案。要熟悉课标和教材内容体系，整组、整单元备课，从知识的整体性、系统性出发，统筹安排知识重难点。

19. 备课要坚持“十字诀”：阅读（通览教材、掌握内容）——深究（深入钻研教材，把握作者意图和教材内在联系）——定点（确定重点和难点）——厘路（厘清作者思路、拟出教路，安排学路）——切实（从教材、教师、学生实际出发，选择有效的教法，指导学法，安排知识教学结构）。

20. 备课时教师心中要有学生，要把“假如我是学生”作为座右铭。既要根据学生的年龄特点，把握教学最佳时间和教学密度，完成教学任务，又要从学生的基础出发顾及可接受性。

21. 正确对待教学参考资料和他人经验。一是先“钻”后“参”，不能以“参”代“钻”；二是对他人经验（或优秀教案）应取“联”“析”“化”的态度，即联系实际，分析研究，消化吸收，不可照搬照抄。

22. 对过去的同课教学案，可以作为参考，要结合不同的班级实际及教改要求，做到“教老课，有新意”，切不可“陈案再现”。

23. 要超前一周备课。不能临教临备，更不能教后再补。教师在集体备课教学案的基础上，结合自己的个性特点以及所教班级的学情，进行个性化的复备，形成自己的规范教学案。

24. 上课前要“复备”。进一步熟悉教学案并做教前修改，准备好教学用具（如作业本、教具、小黑板、多媒体等），课堂演示实验应在课前熟练完整操作一遍，提前把学案发给学生，以便学生预习。

五、上课

25. 教师在上课前一分钟到达教室门口，巡视学生准备情况，上课铃响，师生问好后开始上课。教师要精神饱满，不带个人情绪。要站立讲课，上课时要全神贯注，精力集中，紧扣内容，不做与教学无关的事，不说与教学无关的话。

26. 上课要有计划性，要实施教学案教学。要对学生的预习情况和上一节所学知识加以检查，了解学情，培养学生良好的学习习惯。

27. 教学内容处理得当。知识梳理脉络清晰，抓住关键揭示重点内容，分散化解难点内容，具体分析对比疑点，着力引导学生夯实基础，发展能力。合理选择使用实验器材、挂图、模型、计算机、网络等教学媒体，有机整合现代信息技术与学科教学，注重实效。

28. 教师讲解科学准确、详略得当，引导学生围绕重点，理解和运用学习内容，分析和解决问题，感悟和体验学习内容中蕴含的科学方法和情感态度价值观。不能模棱两可，含糊不清。

29. 教学过程要发挥教师的主导作用和学生的主体作用，既要体现教的过程，更要体现学的过程。要摒弃满堂灌形式和过于重视结论教学的倾向，充分运用启发式、讨论式教学，以省时、高效、减轻负担为目标，以学生为主体，以自主学习、主动发展为原则，充分调动学生参与教学全过程的积极性，激发学生求知欲。

30. 各教学环节过渡自然流畅，对学生的学习过程、方法和结果及时做出恰当的评价与总结，充分发挥评价的激励功能，以引导和促进学生高效学习。讲究教学方法和精心安排教学程序，使复习、新授、作业有机结合，师生互动协调和谐，努力使教学过程整体优化。

31. 灵活合理地组织和调控课堂教学。正确处理预设与生成的关系，能敏锐地感受、准确地捕捉新情况和新问题，做出决策和选择，及时调整教学策略。

32. 提倡教学民主，师生平等，鼓励学生质疑，要营造氛围，让学生敢问；拓展渠道，让学生会问；精心组织，让学生善问。允许学生对教师的讲授提出不同意见，培养学生发现问题、提出问题、分析问题、解决问题的能力；培养学生的创新学习能力。

33. 要切实重视在教学中教给学生学习方法，引导学生围绕学习任务，运用自主、合作、探究等学习方式，主动参与教学过程。不仅要学生学会，更要学生会学。面向全体学生，兼顾个体差异，给学生充分的自主学习和思考的时间。

34. 科学设计问题，精选例题和习题。设计的教学问题要具有思考和探究价值，利于思维的开发和能力的培养；精选的例题和习题要体现基础性、针对性、梯度性、思维性，精讲精练，及时矫正巩固。

35. 课堂问题要精心设计，要提在关键处，问在点子上。要给学生思考的时间，避免答案是“是”与“不是”、“对”与“不对”、“好”与“不好”这类不动脑筋的问题，尽量少用集体回答的方法。

36. 有计划有准备地运用现代化教学手段，以增强教学效果，演示、验证和探究实验教学，要组织有序，操作规范，指导及时，确保安全。

37. 课后及时总结教学的成功经验，反思教学中的问题与不足，思考、研究解决问题的对策，为今后改进教学提供借鉴，并促进自身的专业发展。提倡写“课后小结”附于教学案之后（如教学案实践情况，有何改进创新，有何遗漏待补，出现问题如何处理及教学效果，等等）。

38. 课堂教学是学校教育教学的主阵地，教师必须以极其严肃的态度进行课堂教学。必须保证上课时间，教师不得中途离开教室，不得接待客人，不得迟到、早退、拖堂。未经批准不得随意调课，不得随意停学生的课。

六、作业

39. 作业是巩固知识，形成技能的重要环节，是反思教学改进的重要依据及手段，具有巩固、反馈、矫正、补漏、提高与激励等功能。做到精心设计，要求明确，布置清楚。对作业量上的要求：（1）教学案上的训练为各科必做、必改作业；（2）语文每两周一次作文；数学每节课后可留适当作业；（3）其他学科每周一次书面作业；（4）作业总量按照双减要求统筹调控。

40. 作业要根据教学要求、教材内容，做到重点突出，精、实、活，反对繁、难、怪，做到少而精，切忌多而滥，禁止布置重复作业和机械训练，杜绝体罚性作业训练。

41. 作业的类型和形式要多样化，结合课标要求、学科特点、教学内容和学生实际，合理选择书面作业和非书面作业，提倡采用实验操作，研究性学习，社会实践调查，阅读感悟和收集、整理资料等多种作业形式。要针对学生的差异，倡导分层作业，对成绩中下等生要求完成基本题，让他们“吃得了”；优等生可布置适当的提高题，使他们“吃得好”。

42. 作业布置与批改应做到“有发必收，有收必改，有改必评，有错必纠”。要求以教师批改为主，提倡精批精改、面批面改。学生作业马虎潦草或不及时完成者，要加强检查、教育、指导。

43. 要重视批改后的评讲，提高批改效益，立足发现问题和解决问题，进行归因分析，并及时反馈矫正。要求学生及时订正错题，建立学生错题档案，指导学生使用好错题本。

44. 作文可采取精批与略批相结合的办法。精批：数量每次三分之一，要求先通览后细改，加眉批总批；略批：数量三分之二，要求通览全文，画出错别字、病句，适当提示。精批与略批轮换进行。在精批中选准佳篇，在略批中择取共性问题，以供评讲。

45. 批改符号：一般作业批改符号：答案正确的“√”；答案错误的“×”；作文批改符号；错字“×”；错别字订正“∩”；漏字“△”；用词不当“……（？）”；病句“（？）”；佳句“~~~”；

特佳者还可在句末再加“！”。

46. 作业批改一律在作业后面打等级“优、良、中、下”。

47. 教师批改后写上批改日期。

48. 教师批改作业的语言文字要规范、端正、清楚、正确，格式要规范，要使学生认得出、看得懂。

49. 评语要有针对性、启发性、鼓励性。

七、辅导

50. 辅导是面向全体学生争取大面积丰收的重要步骤，它应渗透于教和学的各个环节。辅导要坚持以明确学习目的，端正学习态度为前提，以帮助学生提高为目的。

51. 课堂教学中要有目的、有层次地让学习有困难的学生有发言的机会。

52. 对学习有困难的学生的作业要有计划地“面导”“面批”。

53. 对因事因病缺课的学生，要及时补课。

54. 在教师指导下可以组织优等生帮助知识缺漏的学生。

55. 对学习态度、家庭教育等方面因素造成的后进生，要采取学生、教师、家庭三结合的办法，统一要求，检查督促，使之提高。

56. 班集体中要形成“不让一个伙伴掉队”的好班风。发挥集体舆论和群体力量作用帮助后进生提高成绩。

57. 对辅导对象要排出名单，拟订计划及措施，方法上要动之以情，晓之以理，持之以恒。

58. 对学习有困难的学生要了解情况，分析原因，尤其是分析他们的不同心理因素，热情关怀，鼓励帮助他们树立自尊心，克服自卑感，增强“我一定能进步”的信心。重视并加强有关意志、情感、兴趣、动机、性格等非智力因素的培养，促进智力的发展，增强创新学习能力。

59. 早辅导要加强背诵和记忆，任务要具体，落实要及时；晚辅导前两节为学科辅导时间，第三节为“心灵盘点时间”，由学科教师负责。

八、考核

60. 考核是检查学生学习情况，激励学生学习和教师对自己教学进行反思改进的重要手段，而不是目的，因此必须持认真严肃的态度，不能事先暗示考核内容，不能弄虚作假。

61. 认真落实周周清、月月清的考核办法。周周清、月月清、单元清的命题、评卷、成绩统计、分析、反馈由教研组、备课组和任课教师负责，随堂随单元进行，命题依托教学案，提倡原题再现，旨在检测阶段学习效果，查缺补漏。上级和学校统一组织的考试，实行教考分离，监考、评卷、成绩统计、分析、反馈由学校负责。

62. 考核要有目的，内容要符合教学新课标、教学计划、教材内容的要求，注重基础知识和基本技能的考查，不出偏题、怪题。基本题占 70%—80%；思考题，即在学生已有知识的基础上经过努力能完成的，包括综合性的题目占 20%—30%。

63. 阅卷评分（或等级）要公正，一视同仁，不感情用事，有条件的学科组、年级部要实行集体阅卷、流水作业。

64. 考核后要认真地从卷面情况、试题的正误等方面分析教与学的情况，总结教学经验，切实研究改进教学和辅导学生的措施。

65. 学生的考核成绩不张榜公布，不向家长公布，但家访时可作为内容之一与家长交换意见，共同辅导督促。

66. 考核要及时，严禁拖拖拉拉、敷衍塞责。

67. 试卷应作为教学资料妥善保管，考试成绩要如实记载。

九、课后服务

68. 课外活动是课堂教学的延伸和扩展，必须认真组织，不能放任自流。

69. 三分之一时间用作答疑辅导，三分之一时间用作体育锻炼，三分之一时间用作兴趣类、特长类、科技类选修课程。

70. 结合学科特点组织学生活动，如兴趣小组、实验、参观、调查、读书会、心得交流会、知识竞赛，等等。

十、教师板书、语言、仪表、教态

71. 板书要正确、工整、规范，并有一定的速度。

72. 板书要有计划，突出教学重点，有利于学生掌握知识。

73. 板书位置适宜，字体大小适度，使全体学生看得清楚。

74. 教师要说普通话。

75. 语言要文明、规范，力戒语病及口头禅，不讲方言，克服乡音。

76. 语言要注意音量和力度，要抑扬顿挫，富有感情，切忌平淡低沉、枯燥无味。

77. 要重视语言直观化，以姿势助说话。

78. 教师仪表要端庄，穿着整洁、美观、大方。男教师不敞胸，不穿背心拖鞋进教室。

79. 上课时间不带通信工具进教室。

80. 教师情趣健康，不酗酒、不抽烟等。

81. 教态严肃、热情、亲切、大方，要多表扬鼓励，严禁体罚、变相体罚、讽刺挖苦，严禁侮辱学生人格。

十一、教学研究与实验

82. 教研组、备课组要有计划地开展活动，加强业务学习和集体备课，要有中心发言并做好记录。

83. 教师要积极认真地参加所属教研组、备课组的活动，不断提高自己的教学业务水平，学校领导分工蹲点，及时参加教研活动。

84. 教师要主动听课，校长、副校长、年级主任每周至少听课2—3节；教师每周听课不少于1节，教研组、备课组可进行内部观摩式听课。

85. 学校定期举行专题性公开课，主持者要组织有关教师认真听课、说课评议，执教者要认真准备、实践、总结。

86. 教师要根据所教学科，确定教研课题、专题，跟踪实践，每学期都要写出工作总结。

87. 实验项目要目标明确，要求清楚，计划性强，专人负责，定期研究，测试效果，横向对比，认真总结，推动一般。

88. 对每位教师教学材料及各种教学总结要及时归入教师档案。

89. 有计划地开展评课活动。评课标准是：目标明确，要求恰当；内容正确，重点突出；教法灵活，善于启发；指导学生，思维活跃；体现主导，突出主体；基础扎实，技能熟练；语言清晰，富有情意；板书规范，态度亲切；创造教育，创新学习；启迪心智，孕育能力。

90. 组织有经验的教师上示范课，至少每学期一次。

十二、提高教学素质

91. 教师应认真学习党的路线、方针、政策，加强师德修养，不断提高教书育人的自觉性、责任感。

92. 教师应努力学习教育理论，学习教育学、心理学，学习业务知识，学习先进经验，了解信息，积极参加教育教学改革实践。

93. 坚持良好的教风，教学态度认真，基础知识教得扎实，课堂教学朴实，坚持改革探索，不断提高质量。并能结合自身的实际，不断实践，不断总结，不断改进，逐步形成自己的教学风格。

94. 提高教学基本功的训练，写一手好字，说一口标准的普通话。会一项特长，熟练地使用教学信息技术等。

95. 要积极落实新课程改革，积极参与校本课程的开发工作。

96. 要坚持积累教学资料，总结经验，撰写论文，参加交流，积极投稿。

十三、检查与考核

97. 教师应自觉地执行本规程，要互相督促，互相帮助。

98. 逐级负责，教师对备课组负责，备课组对教研组负责，教研组对学校负责。

99. 逐级检查。学校领导检查教学业务部门，教学业务部门检查教研组，教研组检查备课组，备课组检查教师，上一级可以越级检查，发现问题及时指出，并督促改进。

100. 本规程执行情况是教师考绩和评优评先、职称评聘、晋岗晋级的内容之一，对模范执行者将给予表扬奖励。执行不力者及时教育批评，严重违反者给予必要的行政处分。

附录 2　普通高中复习备考方案

为扎实做好高考复习备考工作，积极适应高考命题变化，加强对毕业年级的引领与管理，稳定和优化教学秩序，提高学校的加工力，实现学校高考质量稳定提升，结合学校的实际，特制订高三复习备考方案。

一、强化复习备考管理

（一）强化年级管理

注重抓好班主任和备课组长这两个“龙头”，以备课组长和班主任为管理核心，坚持每周星期一下午第一、二节的班主任工作例会，及时通报情况、分析现状、研究对策、解决问题，明确本周的工作要点；坚持每两周一次的教研组和备课组活动，对教育教学工作进行安排及总结，使阶段性工作更加完善；细化班主任和备课组两条线管理，班主任和备课组长认真履职，全身心为学生复习备考服务。备课组长包学科，统筹学科教学及月考试题的安排；班主任包班级，对班级进行精细化管理，年级组工作主要是落实好年级管理目标，负责制订年级工作的整体规划，做好阶段工作部署，深入到备课组、班级、课堂，指导开展工作并及时解决学科教学和班级管理过程中出现的各种问题。

（二）强化班级管理

抓好班级常规管理，促进良好班风学风建设。班风是高考成败的关键，班主任到岗要勤，管理要严，工作要细，要团结组织科任教师，做学生的良师益友，关爱学生，充分发挥学生干部和优秀学生的带头、榜样作用，加强对学生的正确引导，科任教师配合班主任加强课堂纪律管理，杜绝迟到、上课睡觉、抄袭作业、考试作弊等不良现象，建设良好的班风学风。

（三）强化学生自我管理

为促进高三学生的自律性，每班都发一本班级日志记录本，由值日班长每天如实记录班里早读、上课、自习等学生到位和学习情况，每天早晨总结，每周上交，学部跟踪督促，切实增强学生自我管理能力。

（四）强化教学行为规范

教师要规范自己的教学行为，杜绝迟到、离岗、不备课、不测试、不改卷等现象，年级组配合教务处加强对教学常规督促与检查工作，年级组配合办公室对教师坐班检查（抽查）制度。对学生反馈意见认真分析，做好整改与落实。

（五）强化家校协调管理

成立家长委员会，定期组织家长委员会活动，依靠家长的力量，加强管理，如参加学校晚自习的管理。通过家长与学校的互动，增强家校互信，共同促进学生的健康成长。

二、狠抓复习备考教学

（一）制订帮扶计划

备考工作小组统一分析、综合考虑，制定双一流、本科率、各班各层次边缘生名单，加强尖子生培养、中层生的促进、学困生的帮扶工作，提升加工能力，着力提高复习备考工作的实效。细化分层教学、分层辅导措施，全面落实培养帮扶计划。将每一层次的学生和边缘生按照学科成绩情况分给任课老师，实行导师承包制，开展共同体小组活动。做好学生的思想工作，树立学生自信心，从根本上克服边缘生浮躁的不良现象。对不同层次学生进行学法指导，帮助他们制订学习计划，合理利用时间，及时查缺补漏，认真改正错题，追求精益求精。导师分包跟踪落实。

（二）提高课堂教学效率

学校成立了以校长为组长的高质量教学领导小组，出台课堂教学改革方案，切实推动课堂从“以教为中心”向“以学为中心”转变，使学生成为学习的主角。课堂教学中坚持“四让”原则：能让学生观察的让学生观察；能让学生思考的，尽量让学生思考；能让学生表达的，尽量让学生表达；能让学生做结论的，促使学生自主学习。

（三）制订科学备考计划

为使教师心中有数，掌握工作主动权，高三要提前制订出详细的备考计划，包括复习的时间、教学案的编写、备课组的分工、每个阶段的教学方式以及学年培优、考试训练、各学科限时测试等。每次检测之后，适时召开“五会”，即教师会、分层学生会、家长会、薄弱学科会、薄弱班级会，总结经验和教训，研究整改方案，引导帮助教师更新教学理念、研究高考动向、强化基础落实、打造高质量课堂。必要时请专家和社会资源现场指导，研讨下阶段工作的思路和措施。

（四）实施“五字”复习法

“五字”复习法即“讲、练、考、评、补”。所谓“讲”，即在了解学情的基础上，讲在学生疑惑之处，讲在学生的薄弱之处，讲在高考的重点之处，讲的方式要灵活多样，可以教师讲，学生讲，分层讲，互助讲，个别辅导讲，纠错后学生过关讲，突出实效，不但让学生“学会”，还要让学生“会学”。所谓“练”，即瞄准高考动向，立足学生实际，精编教学案，练到实处，注重变式训练。所谓“考”，即两周一测，根据不同阶段的复习特点，调整测试时长，重查漏补缺，形成题感。所谓“评”，即全批全改，整理问题，课堂讲评，强化落实。所谓“补”，即及时纠错，矫正练习，务求真懂会做，养成良好的做题习惯。

三、把握复习备考节奏

高三复习备考工作点多、面广、线长，要科学谋划、整体把握、优化过程，落实全面复习重基础、专题复习重精准、综合复习重实战的三轮复习法。

（一）第一轮复习（6个月左右）

主要目标是夯实基础，全面复习。要以课本为主线，抓纲务本，落实考点，查缺补漏，形成完善的知识结构、灵活的程序性方法体系、丰富的问题解决技巧和经验。

（二）第二轮复习（3个月左右）

主要目标是提升能力，专题复习。针对第一轮复习存在的问题，要以知识板块、能力类别、类型试题分类集中复习，强化核心考点，精准突破，综合训练，提高训练做题速度和审题、思维、表达的规范。

（三）第三轮复习（一个月左右）

主要目标是考前热身，知识保温。按高考的题型、能力类别进行专项练习，查找考试没有覆盖点和问题漏洞点，进行查漏补缺，促进学生知识、方法、能力的全面发展。指导学生进行考前身体心理调适，保障心理、身体状态稳定。考前的热身练习，让学生的学科兴奋时间段调整到高考实际时间段。教师进行考前辅导答疑，让学生以最佳状态走进高考的考场，沉稳、自信地发挥出最好的水平。

四、做好复习备考心理疏导

高三学生学习压力大，容易迷茫，心理比较脆弱，为此根据需要适时举办学习方法分享会、学情座谈会、高三励志会、考前动员会、减压拓展活动、百日誓师大会、学生心理辅导讲座等，合理调节学生心理，克服焦虑情绪。尤其是平时每次考试之后，班主任、科任教师和学生家长要了解学生的心理状况，加强与学生的心理沟通，将心理教育渗透班级管理、学科教学之中，有针对性地与学生进行个别谈心，分析得失，促使学生增强自信，勤奋学习，始终以良好的心态直面高考。

五、做好高招常规工作

借助高校发布艺术、体育、保送、美术统考报名，外语口试报名，艺术特长生统测报名，体育专业考试报名，民航招飞政策等招生信息之机，关注音乐、美术等艺术类统考，保送生、自主招生、艺术特长生、高水平运动员招生计划，以及报名资格、时间、测试内容等。鼓励学生相信自己，多元发展，确保学生准时参加各类面试、考试。要根据高考报名进度安排，及时召开高招报名学生家长会，让学生以及家长及时了解高招报名工作。

附：高考备考主要工作安排表

期次	周次	备考主要活动安排
高三前	高二期末	高二期末考试后召开成绩分析会、家长会、学生会、新高三老师动员会
高三上学期	第 1—5 周	1. 期初考试及成绩分析 2. 备课组长会议，各学科制订高考备考方案 3. 高三进入一轮复习 4. 学生日常行为规范养成教育 5. 召开班主任会议，明确高三工作的各项要求，班主任制订班务工作计划
	第 6—10 周	1. 第一次月考及成绩分析会 2. 推行导师制 3. 召开学生分层座谈会
	第 11—15 周	1. 期中考试及考后的“四”会：成绩分析会、学生会、家长会、学习方法分享会的召开 2. 组织教师教案、学生作业检查评比活动 3. 学生学情调查分析 4. 会考调研 5. 高考研讨会 6. 班主任培训 7. 高考报名
	第 16—20 周	1. 高考第一次听力机考 2. 备课组长会议通报各科一轮复习情况 3. 召开学生第二次分层座谈会 4. 薄弱学科、薄弱班级会
	第 21—22 周	1. 高三期末考试 2. 期末成绩分析会，期末学生家长会 3. 做好寒假培补安排
高三下学期	第 1—6 周	1. 学生报到 2. 百日誓师大会 3. 全校大会、年级会、班主任、备课组长会 4. 高考第二次听力机考 5. 开展核心考点专题复习 6. 深入推进导师制 7. 模拟考试

续表

期次	周次	备考主要活动安排
高三下学期	第 7—10 周	1. 一模后学生拓展减压活动 2. 一模后进入二轮复习，对二轮复习进行布置与要求英语口语考试、体育会考、结束一轮复习，召开一模后的“三”会：成绩分析会、学生会、家长会 3. 高考体检
	第 11—15 周	1.5 月初高三二模、二模后成绩分析大会、学生心理疏导 2. 结束二轮复习，进入三轮“考前演练”阶段 3. 限时强化训练，每科每周至少两次 4. 考前演练，考前心理调整专题辅导和板报宣传 5. 师生结对关爱月活动 6. 组织模拟考试
	第 16 周	1. 停课答疑 2. 考前心理专题讲座 3. 召开班主任及高考科目老师会，组织学生顺利高考 4. 学生毕业离校管理方案的制订与落实 5. 高考、毕业典礼和毕业旅行、月末填报高考志愿

附录 3　教师业务考核方案

为进一步加强教师教学管理，全面、客观、公正地评价教师专业发展情况，激励教师坚守工作岗位、履行岗位职责、提高教学质量，结合学校实际情况，特制订本方案。

一、考核原则

（一）全面性原则

对教师的业务评价从“政治思想”“教学过程”“教学研究”“教学成绩”“德育管理”等五方面进行，总体上涵盖教师业务工作的德、勤、能、绩、廉等几个部分，基本上能较为全面反映教师工作的实际状况。

（二）客观性原则

考核工作坚持一切从实际出发，一视同仁、实事求是，力求做到考核内容真实有效，考核结果客观公正，引导教师立德树人、教书育人、注重师德、合作互助、爱岗敬业、关爱学生、钻研业务、提升质量，以实现鼓励先进、激励整体的目的。

（三）科学性原则

教师的教学工作是一个长期复杂的活动，本身的价值无法用单一的量化、单项的方式来评价。教师业务考核坚持定量评价和定性评价、结果评价和过程评价、单项工作评价和综合评价、静态的学生成绩与动态的变化相结合，较为科学、真实地反映教师工作的整体水平。

（四）民主性原则

考核方案关系教师切身利益，关系学校稳定大局，在制订方案时要广泛征求各方意见，统一思想和认识。方案要经教师全体大会或者教代会讨论通过后方可实施，在实施中遇到争议性问题可经教代会、学校工会等讨论后商讨解决，报学校批准后补充完善。

二、考核范围

全体从事教学工作的教师。

三、评价方法

把五大项指标得分相加，即得教师个人总量化得分。一级指标和二级指标括号内数值为上限分数，即该项目最高值。

一级指标	二级指标	评价要素及扣分标准	得分	备注
A1 德（10分）	B1 依法从教（5分）	C1. 坚持依法治教，模范履行《中小学教师职业道德规范》，严格遵守各项法律、法规，做到令行禁止 C2. 坚持正确的意识形态导向，对不利发展的负面言论和行为，能积极进行疏导 C3. 无体罚、变相体罚、有偿家教并造成恶劣影响的情况 C4. 其他违反教师职业道德规范的行为 如有违反上述规定，当年考核不合格		依据学校党组织、行政部门、德育部门、年级检查结果
	B2 集会（10分）	C5. 热爱祖国，拥护中国共产党的领导，积极参加学校组织的升旗活动和各种政治学习。缺席一次扣1分。出现聊天、喧哗等影响秩序的行为，扣0.5分 / 次 C6. 积极参加学校组织的各种学习、讲座、研讨会等（如全体会、教师培训会）。无故缺勤扣1分 / 次；请假0.5分 / 次；迟到、早退0.25分 / 次；出现聊天、喧哗等影响会议秩序的行为，扣0.5分 / 次		依据会议记录结果
	B3 出勤（10分）	C7. 因病因事请假超过两天，自第三天起每天减0.25分；未履行请假手续的每半天扣1分；未履行请假程序，造成教学事故（如空堂等），每次扣3分；每月全勤教师加0.2分		依据行政部门考勤统计结果
A2 服务对象评价（10分）	B4 学生评价（10分）	C8. 学校每学期进行一次评教评学问卷调查，根据评价结果赋分		依据学校组织问卷统计结果
A3 课堂与教师专业化评定（50分）	B5 教学资料（6分）	C9. 教学计划（1分），有学生情况分析、教学目标、教材分析、教学安排措施，每缺一项扣0.25分		依据业务部门、年级组、教研组根据材料上交的时间、质量、数量记录结果
		C10. 考试分析（单元检测、期中、期末等）（2分），有边缘生连续性的成绩分析、教学中存在的问题、预期日标、实际结果、今后措施等，每缺一项扣0.25分		
		C11. 教学总结（1分）有基本情况、工作业绩、成功与不足，每缺一项扣0.25分		
		C12. 听课记录（2分），按照学校规定的听课节数，如：青年教师和教研组长要求每学期听课20节，普通教师每学期听课10节，每缺一次扣0.25分		

续表

一级指标	二级指标	评价要素及扣分标准	得分	备注
A3 课堂与教师专业化评定（50分）	B6 教学案（4分）	C13. 课前认真备课，学期初检查教学案完整2分，无教学案0分；期中、期末抽查每节教学案有教后总结反思视为A等2分，无教学反思B等1分、C等0分		依据学校业务部门、教研组、备课组检查结果
	B7 课堂教学（10分）	C14. 出现无故迟到、早退等扣0.5分/次；私自调课的，参与各方各扣0.5分/次；占用学生自习课上课或者自习课未经学校批准统一留学科作业的，每次扣0.5分；在岗但未安排好自己的课堂导致空堂的，扣1分/次；上课有睡觉、玩手机、聊天等不学习的情况扣0.5分/次；出现乱堂情况扣1分；在课堂上播放与德育、教学等无关视频和内容的扣1分；老师拖堂扣0.5分/次 C15. 课堂准备充分、互动效果好、教法灵活加0.2分/次；课堂准备充分、课堂沉闷、教学方式单一加0.1分/次，准备不充分、课堂效率低下的不得分		依据学校业务部门、年级、教研组、备课组检查结果
	B8 作业（5分）	C16. 作业检查，学校每学期抽查学生的作业2次，作业量以中等学生作业时长为测算标准，出现作业超范围、量超标、不布置或不批改作业扣1分/次		依据学校业务部门、教研组、备课组检查结果
	B9 积极承担监考任务（5分）	C17. 学校监考每次全勤得5分，缺勤一次扣2分；携带不允许携带的物品进入考场的，扣1分/次；发现违反监考纪律不认真监考的，一次扣1分；拒绝承担学校派给的监考任务的，不得分		依据教学业务部门、年级考务安排

续表

<table>
<tr><th>一级指标</th><th>二级指标</th><th>评价要素及扣分标准</th><th>得分</th><th>备注</th></tr>
<tr><td>A3
课堂与教师专业化评定
（50分）</td><td>B10
学生学业成绩与进步
（20分）</td><td>C18. 学科贡献：以年级备课组为单位，考核平均分、优秀率、及格率，按照学校测算的学科质量目标，达标一项分别各记8、6、6分，每项超标一名加1分。未达目标，每项降低一名扣1分
C19. 班级贡献：以班级为单位，以平均分、优秀率、及格率名次和为参照，按照学校测算的班级质量目标，达标一项班级任课老师均加1分/班，班主任加2分。超标的班级任课老师均加1.5分/班，班主任加3分
C20. 个人贡献：以本人任教的学科为单位，以平均分、优秀率、及格率的排名为依据，小于班级在区里或学校的排名，视为正贡献加2分/班，相等的加1分/班，大于的不加分</td><td></td><td>依据上级或学校统一组织的考试、检测结果</td></tr>
<tr><td rowspan="2">A5
学生成长评估
（9分）</td><td>B11
关注学生学习过程评价（4分）</td><td>C21. 每月按时按要求客观全面填写学生素质评价的各项数据，1月记1分，未按时按量完成的，本项不得分</td><td></td><td rowspan="2">依据学校德育部门、年级检查结果</td></tr>
<tr><td>B12
班主任
（5分）</td><td>C22. 全勤参加早自习、课间操、学生活动、班主任例会等各项活动，无故缺席每次扣0.5分，因私迟到早退每次扣0.25分
C23. 班主任对自习课、午休纪律负责，发现混乱扣0.5分/次
C24. 上好班会课和批改好周记，不占用班会课和早读时间处理学科内容，发现违反一次扣0.5分
C25. 参与校级主题班会课加0.2分/次，区级0.3分/次，市级0.4分/次，省部级0.5分/次</td><td></td></tr>
<tr><td rowspan="2">A6
其他加分情况
（6分）</td><td>B13
工作量
（2分）</td><td>C26. 个人年度常态每周所教课时数与该科每周满工作量课时数比值 ×2</td><td></td><td rowspan="2">依据学校业务部门、年级、教研组、备课组记录结果</td></tr>
<tr><td>B14
公开课
（2分）</td><td>C27. 参加学校组织的公开课、示范课、研讨课、观摩课、基本功大赛等0.5分/次，区级1分/次，市级1.5分/次，省部级2分/次</td><td></td></tr>
</table>

续表

一级指标	二级指标	评价要素及扣分标准	得分	备注
A6 其他加分情况（6分）	B15 指导青年教师（1分）	C28. 承担青年教师的指导工作，有计划有记录（0.5分），所指导的青年教师至少在校内上一节公开课（0.5分）		依据学校业务部门、年级、教研组、备课组记录结果
	B16 参与管理事务（2分）	C29. 积极承担学校管理工作，如参与负责学生研学、社会实践等工作的0.5分 / 次。其他任务可参考此原则计算得分，一般0.5分 / 次		
	B17 特殊情况处理（3分）	C30. 顾全大局，克服困难，解决学部突发或紧急事项，或临时顶岗或者接管困难学生或者利用自己的业余时间进行微信推广等，为学部发展作出特殊贡献的老师经过学部管理层会议讨论研究，可酌情加分，最高不超过3分